ひきこもりソーシャルワーク

生きる場と関係の創出

山本耕平

かもがわ出版

組版・小國文男
裝丁・加門啓子

はじめに

　いま，日本の社会は，8050問題という深刻な社会問題に襲われています。この問題が，新たに生じたかのように報道されていますが，決してそうではありません。2000年代初期にひきこもりとなった時に20代であった人が今，40代になり，30代であった人がそろそろ50代になろうとしているのです。8050問題は，1990年代以降から深刻な社会問題として生じてきたひきこもりに対する実践や政策が，ひきこもり当事者や家族と向き合うことができてこなかった故に生じてきている問題ではないでしょうか。

　内閣府が調査した"ひきこもり"数は，2015（平成27）年12月に15〜39歳を対象にした調査では54万1000人がひきこもりと推計され，2018（平成30）年11月〜2019（平成31）年1月に実施した40〜64歳の中高年層を対象とした「生活状況に関する調査」では，ひきこもり状態にある人が全国で61万3000人いるとの推計結果が出ました。この二つの調査は，時期や手法が異なり，あくまでも推定数ですが，国内でひきこもり状態にある人が100万人規模に達している可能性があります。ただ，日々の実践を通して，それ以上の人が，苦しんでいる可能性があるのではないかと考えています。

　日本の社会では，その家庭で起こったことは家族の責任で解決するのが当然だといった考えが支配的であり，自身の家庭で起こっていることを相談できない状況が生み出されているのではないでしょうか。自己責任が追及される社会では，家庭でなんらかの困難が生じた時に，外に相談することは恥ずかしい行為であるといった思いが生じかねないのです。

　ひきこもりを専門とするひきこもり支援実践体（ここでは，実践事業所や組織，団体を総じて実践体という言葉で表現します）は，現行の法や制度のなかでは存在しないといっても過言ではありません。そのなかで，多くの自治体では，困窮者支援の枠でのひきこもり支援や，精神保健福祉法の枠内でのひきこもり支援が行なわれています。また，自治体により，ひきこもり支援を重視し，自治体独自のひきこもり支援事業をNPOや社会福祉法人等に委託しているところもあります。本稿では，地域でひきこもり事例と関わるソーシャルワーカーを，「ひきこもりソーシャルワーカー」と呼び，ひきこもりを対象とした

ソーシャルワークをひきこもりソーシャルワークと呼ぶことにします。

　今，私たちは，ひきこもる人がその状況と向き合いつつ生きることを保障するために，初期対応から社会参加を目指した一貫した実践を展開する必要があります。私は，ひきこもり支援のゴールを，就労自立ではなく，それぞれが自分らしく自身の人生を生きることに求めます。もちろん，なかには，就労自立を選ぶ人もいますが，緩やかな居場所への参加を選ぶ人や，自室でパソコンを通して外界と関わり続けることを選ぶ人もいるでしょう。

　ひきこもりソーシャルワークは，当事者が選んだ人生が充実したものとなることを保障する実践と，それを可能とする制度，法を構築すること，ひきこもりに対する正しい知識を普及することにあります。本書は，ひきこもりソーシャルワークの試論です。少なくとも，この通りに実践すれば間違いないということを述べたものではありません。あくまでも，当事者・実践者・研究者がともにひきこもりソーシャルワークを議論する上での素材を提案します。

　私は，JYCフォーラム（若者協同実践全国フォーラム）の共同代表を務めていますが，JYCフォーラムは，当事者・実践者・研究者さらに幅広い市民がひきこもりを中心とする若者支援について，それぞれがそれぞれの立場から議論し，実践，制度，法を創り出すことを目指しています。その運動にとりくむなかで，ひきこもりソーシャルワークについて，当事者・実践者・研究者が共に議論しあう土壌が十分に育っていないのではないか，という思いを持ってきました。

　ひきこもりは，当事者や本人に問題があるのではなく，私たちが生きている社会に多くの問題があることから生じている社会的な課題です。すべての社会的な課題は，公的な責任で解決する必要があります。今，私たちは，今後の社会に大きな課題を残すことが十分に考えられる新型コロナパンデミックと出会っています。そのなかで，非正規雇用にある若者たちが職場から排除されつつあります。彼らのなかにはひきこもりに移行する人がいるかもしれません。さらに，感染恐怖との関わりで，「電車に乗るのが不安」「人と話すのが不安」など，様々な不安を訴え，新たにひきこもりになったとの相談も増えています。

　さらに，精神疾患で医療機関を受診する人の数が年々大幅な増加傾向にあります。厚労省の「患者調査」によれば，2017年の総患者数は419万3000人です。2014年が392万4000人ですから，3年で26万9000人増加しています。総人口割では約30人に1人が精神科を受診していることになります。今，学校でのいじめやストレスから不登校となり，ひきこもりに移行した人のみではなく，職場でのストレスやハラスメントの被害からうつ病となり，その後，ひきこもる人も多く出ているのです。

　今後もひきこもりが増え続けることが予想されるなかで，ひきこもりやその支援につい

て議論を深める必要があります。それは，個々人を治療や治安の対象として論じるのではなく当事者や家族が，現在の生きづらい状況を克服する装置（実践・制度・法）を創り出す議論になる必要があります。その議論とともに，「永遠の成長を目指す今日の社会のままで，ひきこもり問題を解決できるのか」といった重要な問いについても議論しなければなりません。私は，ソーシャルワーク研究から，その問いを提起し続けていきたいと考えます。

はじめに　3

第1章　ひきこもりと社会 ⋯⋯⋯⋯⋯⋯⋯⋯⋯⋯⋯⋯⋯⋯⋯⋯⋯⋯⋯⋯⋯ 9

1-1.　主体的参加が困難な社会　10
1-2.　"なかま"を失う社会　13
1-3.　生きる力を奪われる社会　15

第2章　ソーシャルワークの対象としてのひきこもり ⋯⋯⋯⋯⋯⋯ 20

2-1.　ひきこもりとソーシャルワークと当事者　20
　2-1-1.　競争的な学校や会社になじみ難い子と親　21
　2-1-2.　障害のある当事者達　23
　2-1-3.　外傷体験のある当事者達　27
2-2.　ひきこもりソーシャルワークと家族　29
　2-2-1.　慢性的悲哀のなかで　29
　2-2-2.　高齢化するひきこもりと親　30
2-3.　ひきこもりソーシャルワークと地域・社会　32
　2-3-1.　地域からの孤立と二つのスティグマ　32
　2-3-2.　ひきこもりソーシャルワーク対象としての地域　33

第3章　生存権・発達権を保障するひきこもりソーシャルワーク ⋯⋯ 35

3-1.　侵襲的支援の克服を　35
3-2.　順応から参加を目指すひきこもりソーシャルワーク　38
3-3.　発達保障実践としてのひきこもりソーシャルワーク　39
3-4.　社会変革の主体を育てる実践の創造　42
3-5.　当事者・家族の可能性(力)に着眼したソーシャルワーク　43

第4章　ひきこもりソーシャルワークの固有性 ⋯⋯⋯⋯⋯⋯⋯⋯⋯⋯ 46

4-1.　ひきこもりソーシャルワークの固有性　46
　4-1-1.　対象とする課題の多様さ　46

　　　4-1-2.　実践者の多様さ　49

　　　4-1-3.　ゴールの多様さ　50

　　4-2.　問われなければならない「自立」　52

　　　4-2-1.　生活困窮者支援が求める自立　53

　　　4-2-2.　当事者達が求める自立　53

　　4-3.　評価軸の固有性　54

　　　4-3-1.　なにを評価するのか　55

　　　4-3-2.　過程に視点をあてた評価　56

　　　4-3-3.　ひきこもりソーシャルワークの評価方法　56

　　　4-3-4.　実践評価を左右してはならない政策的意図　58

第5章　ひきこもりソーシャルワークの方法 ……………………………………… 59

　　5-1.　ひきこもり事例との出会い【出会いの局面】　60

　　　5-1-1.　出会いの局面の特徴　61

　　　5-1-2.　相談の受理と出会い　62

　　　5-1-3.　出会いの局面とライフイベントの聴取　66

　　　5-1-4.　出会いの局面と精神症状の聴取　67

　　　5-1-5.　出会いの局面と行動のチェック　69

　　　5-1-6.　出会いの局面と当事者および家族へのアセスメント提示と検討　72

　　　5-1-7.　当事者や家族参加のアセスメント検討会議の意味　76

　　5-2.　危機状態とソーシャルワーク【危機介入の局面】　79

　　　5-2-1.　危機介入アセスメントのポイント　80

　　　5-2-2.　ひきこもりにともなう暴力と危機介入　82

　　　5-2-3.　ひきこもり当事者の自殺と危機介入　86

　　　5-2-4.　危機介入とチームによる地域変革　92

　　5-3.　制限からの解放を目指す【制限との対峙の局面】　94

　　　5-3-1.　ひきこもりソーシャルワーカーの姿　96

　　　5-3-2.　ひきこもりソーシャルワークと"待つ場と関係"の創造　97

　　　5-3-3.　ひきこもりソーシャルワークと"育ち合う場と関係"の創造　99

　　　5-3-4.　制限からの解放を目指すひきこもりソーシャルワークと協同的関係性　102

　　5-4.　協同的関係性とひきこもりソーシャルワークシステム　103

　　　5-4-1.　当事者・家族とひきこもりソーシャルワークシステム　104

　　　5-4-2.　ソーシャルワーカーとソーシャルワーク協同実践システム　105

第6章　ひきこもりソーシャルワークとアウトリーチ ································ 107

6-1. アウトリーチ判断基準　107

6-2. 事例とアウトリーチ　109

　6-2-1. 著しい精神症状（妄想や幻聴）がある事例とアウトリーチ　109

　6-2-2. 長期にわたるひきこもりのために精神症状が生じていたり，不安や孤独感，喪
　　　　失感が精神症状に結びついている場合　110

　6-2-3. 人格的特徴及びパーソナリティ障害や神経症のために自己像になんらかの歪
　　　　みがある場合．ならびに，発達障害による二次障害としての抑うつや軽度知的
　　　　障害の自己像把握の困難さがある場合　111

　6-2-4. 精神症状はないが行動化が著しい場合　113

　6-2-5. 膠着化したひきこもり事例の場合　117

第7章　ひきこもりソーシャルワークの評価 ··································· 119

7-1. 安心してひきこもりつつ育つ実践を準備できつつあるか　119

　7-1-1. 当事者や家族の育ちを追求できているか　120

　7-1-2. ソーシャルワーカー集団の育ちが保障されたか　122

7-2. 当事者・家族の個の課題とどう取り組めたか　123

　7-2-1. 自室での生活を維持している人を対象とするソーシャルワークの評価　123

　7-2-2. アウトリーチを受け入れ始めた人を対象とするソーシャルワークの評価　125

　7-2-3. 居場所に参加する人を対象とするソーシャルワークの評価　126

　7-2-4. 中間的就労を活用し始めた人を対象とするソーシャルワークの評価　128

　7-2-5. 家族を対象とするソーシャルワークの評価　130

7-3. ひきこもりソーシャルワークと社会—その評価視点—　133

　7-3-1. ひきこもりソーシャルワークと多様な働く場　134

　7-3-2. ひきこもりソーシャルワークと多様な住まい方　135

　7-3-3. ひきこもりソーシャルワークと多様なつどう場　137

　7-3-5. ひきこもりソーシャルワークとアウトリーチ　138

おわりに　140

第1章

ひきこもりと社会

　ひきこもりが，日本社会で問題になり始めた1990年代初期に20代，30代であった人たちは，1960年代半ばから1970年代に生まれました。その多くが，高度経済成長後期に生まれ、低成長，バブル期，バブル崩壊から「失われた10年」さらには，それが継続し今日に至る「失われた20年」を生きてきました。この時期に彼らを襲い，彼らやその親を生きづらくさせてきたものは，競争を強いる社会とその社会で支配的となってきた競争主義的な価値観です。

　高校進学率は1974年に90％を超え，高校に行くのは「あたりまえ」になりました。さらに，1980年には男女合計で30％に及ばなかった（男性39.3％，女性12.3％，合計26.2％）大学進学率は2009年には50％を超え「せめて大学を出なければ就職がない」社会になってきました。

　親たちは，この競争をなんとか勝ち抜き，今日の社会に適応し，幸せな人生（「ふつう」の暮らし）をおくることができるように，子どもたちを「激励」するようになりました。しかし，その「激励」の多くは，情緒的交流を伴うものではなく，子どもたちの大きなストレスとなってきました。

　高度経済成長のなかで，子育ての産業化が進み，家族で行なわれてきた子育ての外注化が進んできました。学校から帰宅した子どもが生活する場として塾が台頭するようになりました。韓国には「子どもの通知表は，親の通知表」という言葉がありますが，これは，日本も同様です。「従兄のAちゃんは，あの大学に合格したらしい。お前も頑張らなければ」「お兄ちゃんは頑張れたのにどうしてお前は」という「激励」の言葉は，子ども達自身が生きていく価値を見出すことへの激励になるどころか，自身を傷つけ，生きる意欲を奪うものとなりました。

　競争を是とする社会は，競争の勝者を優位に，敗者を劣位に立たせてきました。そのな

かで，最も困難になってきたのが，人と人が同じ立ち位置で人生の目標や課題に対して取り組むスタンスではないでしょうか。そのスタンスを共同性と考えます。その共同性の追求が競争主義のもとで困難になってきたのです。

　究極的な共同性を，現在の社会で獲得することは困難かもしれません。しかし，そうしたなかでも共同的な取り組みは追求されてきました。それは，自身の要求実現とともに，集団の要求実現，さらには社会の変革をともに目指すことを求めた実践として展開されてきました。

　その共同的な取り組みのひとつに共同作業所運動があります。1977年に共同作業所全国連絡会（現，きょうされん）が結成され障害者の働く権利を実現してきました。田中昌人は，共同作業所全国連絡会の発足にあたり，「この運動においては，障害者の働くことの必要性を『企業における職務遂行能力』の有無だけにおいてみているのではありません。（中略）働くことと学ぶことは生涯にわたって『本人の能力を可能なかぎり十分に発達』させていくために必要不可欠なこととしてとらえ，その実現のために取組んでいるのです」と述べています（「共作連ニュース」No.1，1977.11.15）。田中が指摘するように，本人の能力を可能なかぎり十分に発達させていくことを目指す共同作業所運動は，既存の政策や社会に対する変革の運動でした。今，ひきこもり当事者や家族の生存権や発達権を保障するためには，競争主義的な価値観が貫徹する今日の社会への「順応」を追求する実践や運動を追求するのではなく，今日の社会を変革する実践や運動を追求する必要があります。それは，共同性の追求でもあるのです。

1-1. 主体的参加が困難な社会

　図1は，2015年（若者の生活に関する調査，内閣府：40歳未満の若者が対象）と2018年（ひきこもりの長期化傾向を踏まえ，40歳から64歳までの者を対象に行なった「生活状況に関する調査」）の二つを参照してグラフ化したものです。この二つは，調査対象が異なるため単純な比較や評価はできません。ただ，2018年調査では，ひきこもりのきっかけとして，「退職したこと」が最も多くなっています。これは，調査対象の年齢が高じるなかで明確になったこととして注目すべきでしょう。さらに，2018年調査では「人間関係がうまくいかなかった」「職場になじめなかった」が2015年より多くなっています。ここからは，年齢が高まり，就労経験のなかで，労働現場の"人"や"場"になじめない人がひきこもりになったと推察できます。

　ひきこもり当事者は，深刻な競争主義的な社会（学校や職場，地域）から排除されてきた人たちではないでしょうか。私たちの社会は，成果を強く求められる社会です。今日，社会福祉現場でさえも，その現場の取り組みが出した成果に応じて報酬が与えられる契約

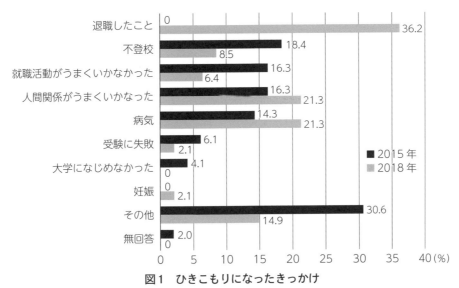

図1　ひきこもりになったきっかけ

出典：2015 年＝平成 27 年度内閣府「若者の生活に関する調査報告書」、2018 年＝内閣府「生活状況に関する調査」（平成 30 年度）

で運営されています。その現場で成果を出すためには，いかにスタッフを管理し，頑張りを要求し，成果を生み出すのかということが管理者に問われるようになります。そのなかでは，管理者は「できる子，できない子」と職員を評価し，「できる子」を頼りにするようになるのではないでしょうか。

　この「できる子，できない子」は，「仕事ができる子，できない子」という意味での評価ですが，評価を受けた者にとっては，自分自身のすべてを評価されたように感じるのではないでしょうか。「できない子」と評価された人は，その評価により，自分の人格までが「全否定された」という思いを持つようになり，この職場（社会）には"なじめない"という思いを強めるのではないかと考えます。

　成績優秀な学生として頑張り屋だった学生時代を送った者は，いつしか競争主義的な評価のなかに自分を少しの抵抗もなく置いていることがあります。就職してからも，「頑張らなければ」という思いで我武者羅に頑張ることがあります。しかし，過度に職場になじもうとする思いが，いつしか息切れし，心を傷つけることがあります。競争主義的評価は，陰湿ないじめやハラスメントを生み出す要因ともなることもあります。そのいじめやハラスメントが横行する場（学校や職場）に順応しようとしない方が，自身を護ることができる健全な人間かもしれません。しかし，今日の社会は，その不健全な部分を覆い隠し，社会に順応できなければ不適応者であると評価されることがあるのです。不適応者にならないために，懸命に社会に順応しようとするなかで，勤務問題を動機とする自殺者や精神障害の労災請求件数が増加しているのではないでしょうか。2019 年度の精神障害の労災請求件数は 2060 件と，前年より 240 件増加しています。2020 年 6 月より，パワーハラスメント対策が義務化され精神障害の労災認定基準に用いる「業務による心理的負荷評価

表」が設定されました。

　社会福祉現場で働きたいと思い，社会福祉を自分の天職として求めてきた人たちは，社会福祉こそが自分の人生だと思い，就職してきているはずですから，自分の人生を否定されたような評価を受けたならば，自分の職業選択に大きなまちがいがあったという思いを持ちかねません。しかも，「あなたの仕事の進め方には問題があります。自己覚知が必要です」と厳しい指導が入ることがあります。そこで活用される「自己覚知」という言葉には，その人が持っている自己を活用する「自己活用」という意味が含まれていません。そこでは，その人のその人らしさを活用するのではなく，先輩たちが考えた，あるいは，教科書に書いている価値観を強いるなかでの「自己覚知」が求められるのです。

　これは，もちろん，社会福祉現場のみではなく，多くの労働現場で生じていることです。労働者は，「儲け」の論理を追求する上で役に立つ人であるかどうかで判断されるのが，今日の社会です。他者との関係が苦手な人や，他者と距離をおきたい人にとっては，その職場は酷な環境となります。その人たちは，それぞれに可能性（すばらしさ）を持つのですが，現在の社会（職場や学校）が，その可能性（すばらしさ）を発見し，それを育てる力をもっていないのかもしれません。

　労働政策研究・研修機構が実施した調査「若年者の離職状況と離職後のキャリア形成」[1]では，先輩・上司の側から若者に働きかけるコミュニケーションは低学歴層や男性で不足しがちであり，特に高校卒の男性は，会社側からの働きかけも，若者側からの働きかけもないような場合に離職率が高くなると報告しています[2]。また，この調査では，高校卒の男性は，「曖昧な指示のもと放置」された場合に離職率が高くなるとの結果もみられたようです。これらの結果から，他者とのコミュニケーションが苦手な人が，離職しないで働き続けることの困難さをうかがうことができます。また，職場で，若者たちが苦しんでいる状況が，離職者の経験率が勤続者よりも5ポイント以上高いトラブルについてみると，「暴言，暴力，いじめ，嫌がらせ」が，高校卒では12.9pt，専修・短大・高専卒は6.1pt，大学・大学院卒では11.5ptとなっています。こうした行為の対象，つまりパワーハラスメントの対象となる時，その行為を受けた者は，力強く生きていく力を奪われるのです。

　今日，社会になじみがたいのは，ひきこもりの当事者のみではありません。その家族も今日の社会に参加することは，そんなに楽なことではありません。ひきこもりの家族は，地域（コミュニティ）の成員との間で強い怒りや敵対，不信や葛藤が生まれることがあります。隣家で生じているひきこもりの状況を，不思議に思っている段階では，隣家への遠慮からその事実に触れないようにします。遠慮故に地域住民は，ひきこもりの隣家と距離を取り始めます。ひきこもりをもつ家族にとっては，この距離が心地良い場合もあります

が，時には，隣人が自分たちの家で起こっていることを怖がっているのではないか，なにをするか分からないと思っているのではないかという思いを強め，この地域には味方が誰もいないという思いを強め孤立するかもしれません。

　ひきこもり当事者はもちろん，その家族が社会から奇異な目でみられたり，ひきこもりを家族の責任として追求されたりすることが少なくありません。そのなかで，ひきこもり当事者やその家族は，ひきこもっている事実を恥と考え，自身が暮らす地域での諸活動から，自身を遠ざける場合があります。家族を襲ったその思いは，家族を地域から孤立させ，地域で生きていく力を無くす負の力となることがあります。家族が活き活きと生きる力を奪われ，地域となじみがたくなるのです。隣人から自身や自身の家庭を遠ざけるなかで，その家族は地域で孤立し，自尊感情を傷つけ，抑うつ状態に陥いることさえあるのです。

1-2. "なかま" を失う社会

　今日の競争主義社会は，"なかま" を作りがたい社会ではないでしょうか。"なかま" は，自己を形成する上で不可欠な存在です。友人関係は，gang group（小学校中学年から高学年），chum group（前思春期），peer group（青年期）の三段階の発達があるとされています[3]。ひきこもりになったきっかけが，人間関係がうまくいかなかったことや職場になじめなかったことが多いとの調査結果は，学童期から段階的に友人関係を築きがたいことを示唆しているのではないでしょうか。

　図2は内閣府が実施した「若者の生活に関する調査（2015年12月実施）」です。ここでは「小中学校時代に親友がいた」と回答したのが，一般の人たちが67.3％であったのに対して，広義のひきこもり群[4]では，46.9％と，約20％少なくなっています。一方，友達にいじめられた体験は，一般群22.4％に対して広義のひきこもり群が36.7％と14％多くなっています。

　小・中・高校生の主要な生活の場は，学校・家庭・地域です。なかでも，学校が生活時間の多くを占め，そこでの友達関係が，子どもたちの精神発達に大きく関わってきます。しかし，友人関係にトラブルがあった時，彼や彼女にとって一日の大半を過ごす学校が快適な場でなくなります。友人や級友との間のトラブルを上手く対処できず，良好な友人関係を保つことが出来なくなると，それが原因となり，仲間はずれやいじめが生じ，不登校さらにはひきこもりにつながることを，この2015年調査は示しています。

　小学校高学年では，少人数で構成される固定化された仲間集団が形成されます。そこでは，子どもたちは，少人数の仲間と強く結びつき，特定の友人に対する親密性を強めます。

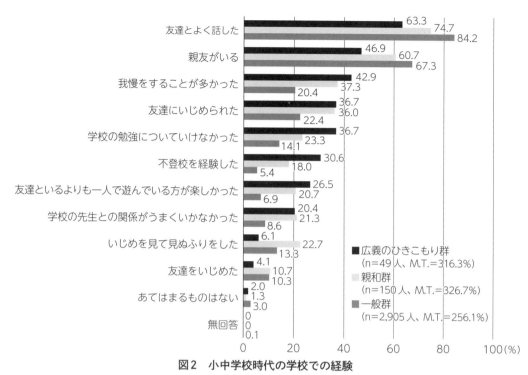

図2　小中学校時代の学校での経験

出典：内閣府「平成27年若者の生活に関する調査報告書」「小中学校時代の学校での経験」2016年9月

その一方で，自分が所属する仲間集団以外の他者や異質な特徴を持った他者を寄せ付けないといった排他性，つまり，異質の排除が生じます。子どもたちは，その親密性や排他性を経験するなかで，友達関係を築き，また壊していきます。親密性を高める集団では，そこに参加していたある人を異質だと感じた時，その人を排除する行動，つまり"いじめ"が生じるのです。雰囲気が違うことや，少し動きが遅いこと，口数が少ないこと，今までの社会が築いてきた男性（女性）らしさなどが，親密性を高める上で邪魔になる要素かもしれません。こうして，その集団の邪魔になり遠ざけられた人は，他に自身がなじむことができる集団をみつけようとするのですが，なかなか参加しやすい集団がみつからない時があります。そうして徐々に孤立が進むのです。

　また，青年期には，友達関係のなかでの自己のアイデンティティを模索し，自己の問い直しを行うために友人関係を求めます。そこでは，親には話せない互いの悩みを分かち合ったり，同じ立場にあることを認め合ったりすることが多くなってきます。しかし，学校で隣りの席をみたら，自分の競争相手が座っている今日，自己の問い直しを行うことが可能な集団を形成するのが至って困難な現実があります。

　学校のロングホームルームで取り上げられた部落差別を学ぶなかで，"自分とはどういう存在なのか"と考えはじめ，その問いを，そのロングホームルームで話したある人は，「もっと楽しいこと考えてはどうか。そんなことを考えてたらしんどくなるよ」とのクラスメートからの発言や，「今は，とにかく大学に合格することが大切」と懸命に勉強する

クラスメートのなかで，アイデンティティを模索することは無理だと思ったようです。彼は，"自分とはどういう存在なのか"を，部落差別や社会問題の学習を通して問い続けるなかまを学校の外に見出す手助けを教師から受け，そのなかで，ようやくそれを可能にしました。

　しかし，それは例外であり，自分に違和感を持ったり自分探しの旅に出ようとした青年が，"自分とはどういう存在か"を問うことが可能な生活を保障されていないのが現実でしょう。「そんなことを考えている暇があったら単語の一つでも覚えたらどうだ」とか「そんなことに関心があるのだったら，大学で心理学を勉強できるように今は一生懸命勉強しようよ」と教師に言われた高校生がいます。その高校教師は，今日の社会が，アイデンティティを模索しづらい社会であることを認識し，そうした集団を形成することを諦めているのかもしれません。

1-3. 生きる力を奪われる社会

　ひきこもり当事者は，いかなる理由でのひきこもりであっても，今日の社会で生きることが困難になり，生存や発達の危機に陥っていることに変わりはありません。その社会生活上の危機と向き合うのがひきこもりソーシャルワークの課題です。

　ひきこもり当事者のなかには，この世から消えて居なくなりたいという思いと直面する人が少なくありません。つまり，いまある社会からの全面撤退を考えるのです。社会からの全面撤退と言えば自殺です。図3は，自殺者数の推移を示したものです。1998年以降

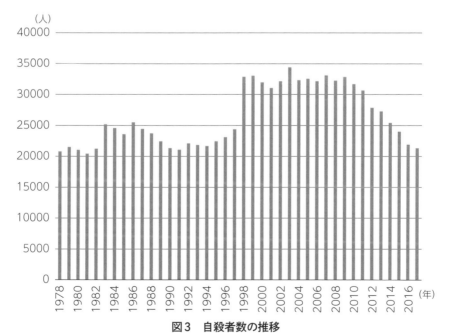

図3　自殺者数の推移
資料：警察庁「自殺統計」

15年間30000人を超えていた自殺者は，2012年に15年ぶりに30000人を下回りました。ただ，その年でも，全年齢で2000人を超える人が勤務問題を原因に自殺しています。図4を見ると，1990年に1032件であったのが，1998年には1877件となり，その後，2010年には2590件に至っています。このことから，1990年代後半から2010年にかけて，職場での解決しがたいストレスが増大したことが伺えます。

図5を見ると，勤務問題を要因とする自殺のなかで，職場の人間関係が原因となってい

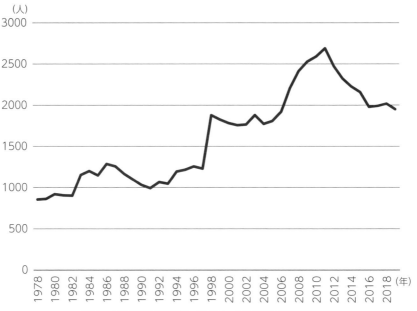

図4　勤務問題を原因・動機とする自殺者長期推移
（令和2年版自殺対策白書より筆者作成）

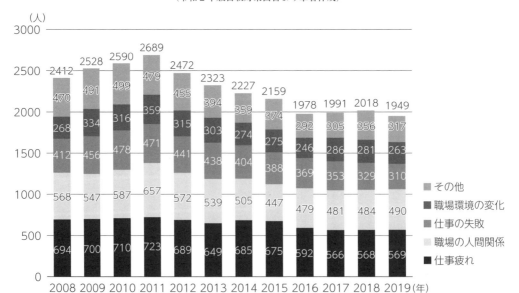

図5　勤務問題を原因・動機の1つとする自殺者数の推移（原因・動機別）
出典：令和2年版過労死等防止対策白書

るものが，2008年以降2018年まで20％台で推移しています。職場の人間関係とは，上司や同僚との人間関係です。仕事の量がその人がもつ能力をはるかに超えれば，それは大きなストレスとなり，このストレスと当事者が向き合うためには，上司や同僚のソーシャルサポートが必要となります。そのサポートがあれば，人は，その人がもっている仕事に取り組む力を発揮することが可能となりますが，そのソーシャルサポートが欠如する時，職場での孤立感が強まります。職を得た者が，その職場に懸命に順応しようとするのは，当然のことかもしれません。また，家族の期待に応えようと懸命に頑張り，職場に順応し，上司から認められようと努力すること自体，否定されることではありません。さらに，その職場で上司や同僚に認められることで，自身が社会的になんらかの貢献をしているという思いが生じます。しかし，その職場で，なんらかのきっかけで孤立が生じることがあります。たとえば仕事で迷い混乱している時に，その状況をより混乱させる要素が職場にあったならば，その場で護られているという実感を失うことでしょう。

　若い世代と労働との関わりで深刻な課題に就活自殺があります。これは，就職する前から，就労現場から排除されている現象として把握すべきでしょう。森岡孝二は，東京都内の私大生のブログを引用して「模擬面接だけでなく，本面接を繰り返し，落されるたびに自分を否定された気分になり，自分は社会にとって必要ない人間だと思われる就活生の心情」「彼にのしかかっている重荷は就職の困難だけではない。彼の父親は定年退職したばかりで，二人の姉の一人は無職。もう一人は派遣社員である。彼自身は，奨学金の返済もしなければならない。親の援助もしなければならないと思っている。それだけに心が塞ぐのである」[5]と，就活自殺について述べています。

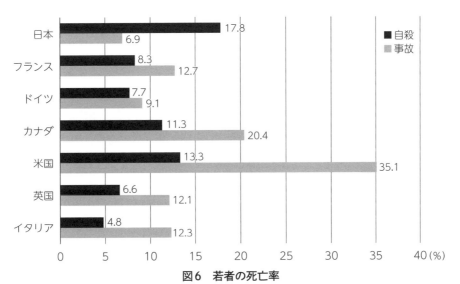

図6　若者の死亡率

注：「死亡率」とは，人口10万人当たりの死亡者をいう。
出典：世界保健機関資料（2016年12月）より厚生労働省自殺対策推進室作成

筆者は就活に伴ううつ病の学生数名を支援してきました。その多くに，森岡が指摘したようにESを何枚も書き企業訪問を行い，面接を繰り返すものの内定にたどりつけないなかでの燃え尽きがありました。就活の失敗とともにひきこもったある若者は，軽い自閉症傾向があり，対人関係が少し苦手で，自身の学業の進め方にこだわりがありました。彼は金融機関への就職を希望し，何社も受験しましたが叶いませんでした。現役学生でないと就職に不利と考えた彼は，あえて卒業単位に満たないよう工夫し一年留年したのですが，留年中に仕事に就く意欲をなくしてきました。大学五年生のお盆の頃，彼の両手の爪がかみ切られてほとんどないことに気づいた両親が相談に訪れたことから精神科受診となりました。彼は，その後四年間，自宅でのひきこもり生活を送っています。

　就活で，面接官に自己を否定される経験をしながらも，なんとか就職できている若者たちは，面接官との関係を上手にとれる人でしょう。その人たちは，ほんの少し面接のトレーニングを行なえば，乗り越えることが可能となる課題かもしれません。しかし，なんらかの発達上の課題をもつ若者や，対人関係が苦手な若者，対人緊張が著しい人にとっては，就活時の面接は，衝撃的な社会との出会いになるのではないでしょうか。

　日本学術会議は，2017年の提言「若者支援政策の拡充にむけて」において，若者に対する政策や制度が不備であった原因として「①1980年代までの若者は新規学卒一括採用や正社員の長期雇用慣行などにより中高年層に比べて有利であるとみなされてきたこと，②90年代以降の大きな社会変化に対して政策面での転換や対応が遅れたこと，③日本では特に高度成長期・安定成長期において自助努力を重視する自己責任論・家族責任論が強固となり，若者に支援など必要ないとする意見もいまなお根強いこと」を指摘しています。高度成長期・安定成長期において重視されてきた自助努力をより強めてきたのが，競争主義やその下での成績追求であり，そのなかで自己否定を強め，孤立する若者たちが多くみられるようになっているのです。

　もちろん，自殺は勤務問題との関わりのみで生じることではありません。我が国における若い世代の自殺は深刻な状況にあります。15〜39歳の各年代の死因の第1位が自殺であり，男女別にみると，男性では15〜44歳の死因順位の第1位が自殺となっています。また，女性でも15〜29歳の若い世代で死因の第1位が自殺となっています。これは国際的にみても深刻であり，15〜34歳の若い世代で死因の第1位が自殺となっているのは，先進国では日本のみです。

　令和元年版自殺対策白書は，若年者の自殺に関し，若年無職者の自殺率の高さ，特に男性の無職者が非常に高い自殺死亡率を示すことを指摘しています。また，10歳代の自殺者数は少ないのですが，そのなかでも無職者の高い自殺死亡率が特徴的です。このことから，同白書では，「15〜19歳の無職者及び有職者の自殺リスク」に注意を払う必要があると

指摘しています。

　では，若年無職者の自殺リスクとはどのようなものでしょうか。日本財団が行なった調査では，若年層（18歳以上22歳未満）の3割に自殺念慮経験があり，1割に自殺未遂経験があると報告しています。自殺念慮・未遂原因で最も大きいものは学校問題であり，その中でも「いじめ」が大きな割合を占めています。いじめの次に大きい原因は家庭問題における「家庭不和」であり，自殺念慮・未遂者の約5分の1が経験しています。いじめ以外で若年層に特徴的な問題は健康問題における「精神疾患」です。この学校問題や家庭問題が1年以内に生じているか1年より前に生じているかについて調査したところ，「男女問わず若年層の自殺念慮・未遂の大きな原因である学校問題及び家庭問題は1年以前に生じているため，学生時代に原因が生じている可能性が高い」という結果になっています。

　幼少期からの不適切な養育により「死にたい」という強い思いをもち，「いったい自分はなんのために生きているのか」「自分は生きている価値があるのか」といった思いのなかで，悶々とした日々を送る当事者と出会います。その人たちは，その人が所属している集団に適応するために自己抑制的になったり，過剰に適応しようとするなかで，「自分が何者であるか」が見えなくなり，ただ葛藤するために過度にストレスをためざるをえない状況におかれています。ひきこもりソーシャルワークは，若者が過度に現在の社会に適応せざる得ず，抑うつ的な傾向に陥りやすい社会的な背景があることに着眼し，その社会的な背景と向き合うことをも，実践や政策に位置づけていく必要があります。

第 2 章

ソーシャルワークの対象として
のひきこもり

　ひきこもりソーシャルワークとは，個（当事者と家族），集団（ひきこもりと取り組む集団），社会（地域や社会）を対象とする実践（方法），制度・政策・法，運動の総体をさします。ソーシャルワークの対象となるひきこもり当事者は，もちろん，ひきこもりゆえに日常生活が困難になっている人であり，社会的な支援を必要としている人です。ひきこもりのなかには，ひきこもり生活を選び，そのなかにこそ自己の人生があると考える人もいます。この人たちは，ひきこもりソーシャルワークの対象ではありません。

　本章では，当事者や家族が，どのようにしてひきこもり対象となってきたのか，今，なぜ，それらを，ひきこもりソーシャルワークの対象としなければならないのかを考えます。

2-1. ひきこもりとソーシャルワークと当事者

　ひきこもり当事者を少し細かく分けますと，今，ひきこもっている人，ひきこもる可能性のある人，過去にひきこもっていて居場所等を活用している人がいます。過去にひきこもっていてピア・スタッフやピア・アドヴォケーターとして実践に参加している人もいます。

　ひきこもり数に関しては，平成27（2015）年の内閣府の調査（調査対象：15歳から39歳）では，ひきこもり当事者の数は約54万人となっています。これに，平成30（2018）年に調査した40歳から64歳までの約61万人を加えますと，15歳から64歳までの広義のひきこもり当事者は117万6千人となります。

　人類史上に"ひきこもり"が存在しなかったのかと言えば決してそうではないでしょう。しかし，ひきこもりは，至って今日的な社会的課題であり，社会福祉対象である社会問題の一つとして捉える必要があります。ひきこもりは，危機的な今日の社会が背景となり生じている「生存・発達」の危機状態です。今日の社会において，いったんレールを外れる

	該当人数（人）	有効回答率に占める割合（％）	全国の推計数（万人）	
ふだんは家にいるが、自分の趣味に関する用事のときだけ外出する	33	1.06	36.5	準ひきこもり 36.5万人
ふだんは家にいるが、近所のコンビニなどには出かける	11	0.35	12.1	＋ 狭義のひきこもり 17.6万人
自室からは出るが、家からは出ない又は　自室からほとんど出ない	5	0.16	5.5	＝ 広義のひきこもり 54.1万人
計	49			

なお、Q23③その他で統合失調症と回答した者を広義のひきこもり群から除外しているが、含めた場合の推計数は下記の計算より56.3万人となる。（注1）

	該当人数（人）	有効回答率に占める割合（％）	全国の推計数（万人）	
ふだんは家にいるが、自分の趣味に関する用事のときだけ外出する	35	1.12	38.7	準ひきこもり 38.7万人
ふだんは家にいるが、近所のコンビニなどには出かける	11	0.35	12.1	＋ 狭義のひきこもり 17.6万人
自室からは出るが、家からは出ない又は　自室からほとんど出ない	5	0.16	5.5	＝ 広義のひきこもり 56.3万人
計	51			

出典：若者の生活に関する調査報告書，平成28年9月
https://www.8.cao.go.jp/youth/kenkyu/hikikomori/h27/pdf-index.html

	該当人数（人）	有効回答率に占める割合（％）	全国の推計数（万人）	
ふだんは家にいるが、自分の趣味に関する用事のときだけ外出する	19	0.58	24.8	準ひきこもり 24.8万人
ふだんは家にいるが、近所のコンビニなどには出かける	21	0.65	27.4	＋ 狭義のひきこもり 36.5万人
自室からは出るが、家からは出ない	5	0.15	6.5	
自室からほとんど出ない	2	0.06	2.6	＝ 広義のひきこもり 61.3万人
計	47	1.45	61.3	

出典：内閣府，生活状況に関する調査，平成31年3月
https://www.8.cao.go.jp/youth/kenkyu/life/h30/pdf-index.html

図7　内閣府調査にみるひきこもり分類と推計数

と戻るのは至難の業です。本人も親も必死に元のレールに戻ろうと必死になります。

　では，この人たちは，今日の社会で，どのような人生を歩み，春日武彦が指摘するように「追い詰められた挙句にひきこもらざるをえない」状態[6]になったのでしょうか。そのなかで，彼や彼女が持ってきた生きづらさとはなにか，そして，それを，なぜソーシャルワーク対象と考えるべきなのかについて検討します。

2-1-1. 競争的な学校や会社になじみ難い子と親

　平成27（2015）年調査では，ひきこもったきっかけとして，不登校が最も多く19.0％であり，次に多いのが職場になじめなかったが16.5％、就職活動がうまくいかなかったが15.2％であり，職場になじめなかったが12.0％となっていました。また，平成30

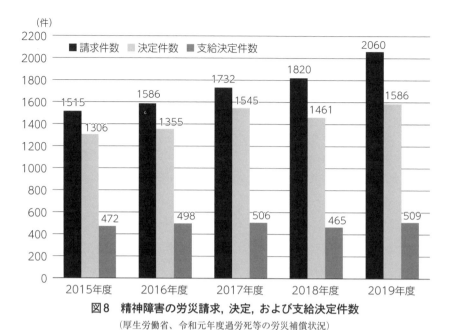

(件)

図8　精神障害の労災請求，決定，および支給決定件数
(厚生労働省、令和元年度過労死等の労災補償状況)

(2018) 年の40歳以上を対象とした調査では，退職したことが29.1％と最も多く，人間関係がうまくいかなかったことが18.7％，職場になじめなかったことが13.4％となっています。この二つの調査のみを取り出して，ひきこもりになったきっかけの変化を論じることはできません。ただ，ここで言える大切なことがあります。それは，両調査ともに社会となじみ難いがゆえにひきこもりになった人が多いという事実です。

　社会となじみ難い背景には，様々な理由があるでしょう。大切なのは，社会になじみ難い彼や彼女たちがいるということではなく，彼や彼女たちがなじみ難い社会があるということです。

　職場へのなじみ難さを示している一つの報告があります。それは，精神障害ゆえの労災請求・決定及び支給決定件数です（図8）。令和元年（2019）年の決定件数1586件の内，207件（13.1％）が「仕事内容・仕事の量の（大きな）変化を生じさせる出来事があった」ことであり，「（ひどい）いやがらせ，いじめ，または暴行」が174件（11.0％）となっています。

　近年，多くの職場は，成果主義に襲われています。これは，社会福祉現場も例外ではありません。成果主義は，従業員の仕事の成果や成績，実力などに応じて待遇を決定する人事制度です。2019年に政府から打ち出された「働き方改革」では，労働時間の上限が定められました。定められた時間内でどれだけの成果をあげるかが問われますから，成果主義がより深刻になるといえます。成果主義が導入され，それが浸透してくると，職員同士の競争が激化し，他者への配慮が欠如してくることが予測されます。職場のトラブルやい

じめが職場で大きな課題になっている背景を，川上憲人は，正規職員、派遣職員、パート・アルバイトなど異なったグループが職場に存在するようになり，給与体系，福利厚生から健康診断にまで「格差」が生じ，職場に生じた格差ゆえにいじめが生じていると指摘しています[7]。日本において職場のいじめの実態やその健康影響を調査した科学的研究はほとんどありません。ただ，職場でのいじめが自殺と結びついている事件がマスメディアを賑わしています[8]。

こうした生きづらい社会で，わが子が学校や職場でのいじめの被害者にならないために，強い子を育てたいとの思いを持つ親がいても不思議ではありません。しかし，その思いが，競争主義社会に「勝利」することを目指した子育て競争[9]への参画となってしまい，親から余裕を奪ってきました。巷では「男の子は10歳までが大事」「こころの強い子を育てるために」「男の子をダメにする親」など，我が子が競争に勝つための出版物があふれ，親に焦りを植え付けています。そうしたなかで，親は，学校外の教育産業を活用し子どもにより高い学歴をと願い，過重なアルバイトをしながら懸命に競争に参加しようとしています。わが子がその競争に勝利できそうにない時には，親をより深い不安に陥れるのです。

今，ひきこもっている人たちは，子育て競争が激化する時代に学童期や思春期を送り，社会に移行していったのではないでしょうか。その競争のなかで疲弊した子どもと親が，今日の社会となじみ難いという感覚を持っても当然ではないでしょうか。

ひきこもりソーシャルワークの現場で出会う親たちには，多様な人がいます。なかには，この競争主義社会を懸命に生き抜き「出世」した人もいます。その人たちのなかには，自分の子どもが頑張れないことにシビレを切らしてしまい，子どもを叱咤激励する人がいます。また，その競争のなかで疲れ果ててしまった自身の経験から，自分のように競争に負けないようにと子どもを叱咤激励する人もいるでしょう。

子どもが学校や社会になじめない時には，「とにかくガンバレ」と声をかけるのは当然の姿かもしれません。頑張ろうとしない子どもを前に，暴言や暴力で叱咤激励することもありえます。そこには「もう頑張れない」と親に言えない空気が漂います。そのなかで，子どもたちは「どうして自分はダメなんだろう」と自分を責めます。今日の社会を貫くこの競争は，結果的に親と子どもを傷つけ，自己肯定感を奪ってしまいます。

2-1-2. 障害のある当事者達

ひきこもる人のなかには，様々な障害をもつ人がいます。それは，"統合失調症等の精神疾患の群""発達障害や学習障害の群""神経症やパーソナリティ障害の群"などに分けることができます。もちろん，こうした疾患や障害のある人が，すべてひきこもるのではありません。また，ひきこもっている人がすべて障害をもっているのでもありません。

ひきこもり相談に訪れる人のなかには，当初から疾患が明瞭で既に精神科治療を受けて

いる人や，障害ゆえに精神保健福祉手帳や療育手帳の公布を受け，なんらかの形で障害福祉の事業所との関わりを持っている人がいます。ただ，ひきこもりソーシャルワークの現場には，障害が明瞭ではなくとも，どうも障害を持っていそうな人が登場することがあります。

　そのなかには，保育園や幼稚園では「たいへんな子」とされつつもなんとか幼児期を送り，小学校入学後に集団に適応できなくなった人や，小学校高学年になり集団に適応できなくなった人がいます。友達をつくることや，友達と一緒に遊ぶことが苦手な彼や彼女たちは，徐々に，集団の中で孤立感を感じるようになるのです。知的な発達にはそれほど課題はないが，友達との関係を上手に作ることができなかった人たちにひきこもりの現場で出会ったソーシャルワーカーが，ようやく彼らの障害に気づくこともあります。

　ソーシャルワーカーが，彼や彼女たちの疾患や障害に気づき，それが，正確に診断され，精神科治療が始まるなかで，その人がもつ状態が楽になることがあります。もちろん，そのなかには，障害が早期に発見され，幼児期から適切な療育が保障されていたならば，深刻な状態にはならなかったのではと見受けられる人もいます。

　ある当事者（19歳）の父親が，相談機関を訪れました。彼が試験採用されていたスーパーマーケットで，店長に呼び出され「日常の挨拶が苦手，挨拶をしても挨拶を返してこない」「相手の気持ちを考えずに，自分のことばかり話し続ける」「感情的になりやすく，少し注意すると癇癪を起す」といったことを指摘され，試験採用期間をもって採用が打ち切られました。その後，就職する意欲を失い，ひきもって6か月経過するとのことでした。彼は，地域の中学校から高校に進み，普通学級で学んできました。今まで，何人かの担任教師から，友達関係を上手につくれないと言われていたのですが，父親は，彼が小さい頃に離婚し，シングルで育ててきたことが影響しているのではないかと思ってきました。彼は，地域の精神科病院で思春期・青年期の精神科を担当する医師を受診することを勧められ，発達障害との診断を受け，治療が始まりました。彼の場合は，幼児期に発達上の課題に気づき対応する条件に恵まれていなかったのかもしれません。

　ひきこもりと関連が深いものに神経症やパーソナリティ障害があります。鍋田恭孝は，「神経症の臨床からみると，対人恐怖症，強迫神経症を中心として，症候学的には軽症の神経症が増加しているという印象があり，一方，ひきこもる青年の臨床においては，さまざまな軽症の神経症類似症状が見いだされるという印象を抱いている。」とし，その特徴を，古典的な神経症との違いで次の5点に整理しています[10]。（下線は筆者）

　　①従来の対人恐怖症にしばしば見いだされたさまざまな具体的な症状，患者がしばしば述べる「これがつらい」「これがあるから忌避される」「これが他者に不快を与え

る」という具体的なテーマがあいまいになっている。そして，漠然たる緊張感と戸惑いを抱いている。

②皆に好かれる自分とか，自分の好きな世界を受け入れてもらえる自分を求めている様子はあるが，はっきりした自我理想は見いだしにくく，しかも，なんとかこの自我理想に近づこう・自我理想に合わない自分の部分を消去しよっという強迫心性は見いだされない。

③見知らぬ他者や群れに対する子どもが抱くようなおびえや戸惑いであり，納得のいく関係性が見いだせないあるいは実現できない苦悩というよりも，他者あるいは群れそのものに対するおびえに近い苦しみがある。

④うまくいかない，戸惑う，嫌われているのではないかという気持ちになると，「避ける，こもる」という対応を示すことが圧倒的に多い。

⑤自己同一性の障害に通ずる自己感覚のあいまいさ・自己像や自分のライフスタイルの形成があいまいになっているという特徴があり，結果，悩みそのものも漠然としたものとなりやすい。」

　さらに，鍋田は，その治療に関して，「軽症なのに難治例が多い」ことを指摘し，「共感しても問題点を焦点化しても少しも治療が進展しない」ことや「問題点を明確にしょうとすること自体つらそうな様子を示す」こと，さらに「向き合う面接での治療では『働きかけると辛そうにし，時に避けようとする。しかし，まかせていると，中断したり，延々と沈黙が続いたり，淡々とした面接が続く』」ことがあり，「群れの存在する空間で，今一度，主体性・自分感覚・対人関係能力・社会性を育て直す必要があると感じ，治療的スペースを始めた」[11]と述べています。（下線は筆者）

　この不全型神経症は，ひきこもりとの関係が深い人たちの一群ではないでしょうか。この人たちは，対面型の面接ではその治療に限界があり，なんらかのゆるやかな出入りが自由な集団を保障するなかで，その治療が可能となることがあります。

　今，自分がどう生きるかを明確に認識できない人は，自然史のなかで生じているのではありません。それは，まさに，今日の競争主義社会との関係で生じているのです。ひきこもりソーシャルワークは，彼らや彼女たちが，その漠然とした，捉えどころのない生きていくことへの不安と対峙するために，ゆるやかに参加できる集団を保障する必要があります。その集団のなかで，治療的に関わるのではなく，なかま達が育ちあう関係を築きあげるなかで，彼らはその不安と向き合う力を獲得します。

　また，ひきこもりソーシャルワークと関係するパーソナリティ障害は，性格や気質に偏りがあり，自分が苦しんでいたり，他人が迷惑したりする障害です。米国精神医学会が発

行している精神障害の診断と統計マニュアル第5版（DSM-5）によれば、10種類のパーソナリティ障害が存在します。約10%の人が何らかのパーソナリティ障害に該当します。ひきこもりに関係の深いものに，回避性パーソナリティ障害，強迫性パーソナリティ障害，自己愛性パーソナリティ障害，統合失調型パーソナリティ障害があります。

　重い神経症，なかでも社交不安障害の人は，回避性パーソナリティ障害が伴うことがあります。回避性パーソナリティ障害の人は，自分が批判されたり，他者から拒絶されたり，他者に受け止められないことを怖れます。このため，自分がその集団や組織で受け入れられることを確信できない限り，その集団や組織に入ることを回避します。人は，他者に批判されるなかで育っていくのですが，この回避性パーソナリティの人たちは，他者から批判されたり，拒絶されたりすることを常に考えているため，人との交流を限定するため，比較的孤立する傾向があります。

　さらに，ひきこもりと関係の深いパーソナリティ障害には，自分の能力を過大評価し，自分の業績を誇張し，自分が優れていて特別であると考え，他者の価値を過小評価する自己愛性パーソナリティ障害や，規律性，完全主義，およびコントロール（柔軟性の余地がない）への広汎なとらわれが顕著な強迫性パーソナリティ障害，親密な関係に対する強い不快感をもち，親密な関係を築く能力が低く，認知および知覚の歪みや風変わりな行動のパターンを伴う統合失調型パーソナリティ障害などがあります。

　ひきこもりソーシャルワークは，治療を目指すのが目的ではありません。ただ，これらのパーソナリティ障害は，他者との関係を築きがたいという共通点をもっています。ひきこもりソーシャルワークの現場に彼らが，彼らの意思で参加することが可能となった時には，集団（場）のなかで，他者との関係や社会との関係を学び，自己の生きづらさと向き合うことが可能になります。もちろん，そのなかでは，自己との向き合いが必要となり，かなりの葛藤を体験します。そこでは，問題のあると捉えるその人のパーソナリティ特性に焦点をあて，その特性を訂正する努力を行なうのではなく，彼や彼女が集団に参加し，場と時を共にするなかで，集団に参加するなかま達やスタッフとの間に関係を築き，自身の問題が自己に内在するものであることに気づき，理解できるようになるなかで，彼や彼女がもつ自身の可能性（すばらしさ）を発見することが可能になります。

　こうした障害のあるなかまたちは，本来であれば，福祉事業所で障害者福祉の支援対象として地域生活が保障されます。しかし，その多くが「支援困難」として，その対象とならずに中学校や高校を卒業した後にひきこもってしまっている人が多くいます。その人たちは，障害者福祉の対象にも，ひきこもりソーシャルワークの対象にもならず，地域で孤立しているのです。自宅にひきこもり孤立している障害のあるなかまたちは，その障害が

より深刻化したり，二次的な障害をもつことがあります。こだわりが強く、人との関係が苦手で空気を読んで周囲に合わせることが難しく，外に出ることが嫌になってしまった彼や彼女たちに，親が強く叱責するようなことがあると，彼や彼女たちはより深刻なストレスをもち，ひきこもりが激化することがあります。

2-1-3. 外傷体験のある当事者達

　ここで言う外傷体験とは，心理的な外傷体験です。人が，通常の範囲を超えた極端なストレス（戦争、犯罪被害、虐待、交通事故、自然災害など）を体験し，心に傷を受けることがあります。これを外傷体験と言います。その外傷体験ゆえに，強い恐怖感や無力感、戦慄（せんりつ）を感じたり、悪夢を見たりするなど様々な症状が現れることがあります。これがPTSD（心的外傷後ストレス障害）と言われるものです。PTSDの人たちが必ずひきこもるということではありませんが，ひきこもる人たちのなかには，なんらかの外傷体験をもつ人がいます。

　今もひきこもっている37歳の女性は，中学校2年生（14歳）の時に，学校でいじめを受けました。同性の友達4人にトイレに閉じ込められ，下着を脱がされ，陰部にホースで水をかけられたのです。そのことを見ていた同級生が教師を呼び，その4人の暴力を止めることができました。しかし，その被害を受けた女性は，その日から不登校となり，不登校のまま中学校を卒業しました。その4人のうち2人は，児童相談所での措置を受けており，事件後から少しの間は地域にはいなかったのですが，外出すると4人と出会うと思い，外出もままならなくなったのでした。事件直後は，その時のことが思い出され，極端におびえる生活が続きました。少し時間が経ってからも，夜には悪夢におびえ，日中はその時のことが，何をしていても突然思い出す日が続きました。17歳の時には，PTSDの治療が始まりましたが，精神科クリニックへの通院以外，今もひきこもっています。

　また，今，42歳の男性は，福祉系大学を卒業し，ある障害者施設に就職しましたが，そこで，施設を利用していた知的障害者が突然死する場面に直面しました。入浴指導の場面でした。その利用者は一人で入浴できる人であったため，彼は脱衣室で利用者が風呂からあがるのを待っていました。その時，突然，大きな音がしたので風呂のドアをあけると，その利用者がシャンプーをしながら倒れていたのです。突然の心臓疾患での死亡でした。その場にいた彼は，自分のことを責め，その施設を退職しました。その後も，その時の夢をみたり，夜に大きな音で目が覚めるのです，何度か就職を考え，面接も受けたのですが，どうも，その時のことを思い出してしまい，なかなか就職できず、ひきこもっています。

　ひきこもりソーシャルワークの現場には，こうしたいじめや突然の事故を体験した人だけではなく，幼少期に親から虐待され，まさに生きる力を奪われてしまったのではないか

と思われる人が登場します。外傷体験のある人たちの多くは，体験したことを言語化することが得意ではありません。また，あまりにも深刻な思い出したくない出来事を言語化できない人もいます。もちろん，その人たちの言語化できない，あるいは言語化したくない体験を言語化させることが，ひきこもりソーシャルワークの課題ではありません。

　では，彼や彼女と出会った時，ひきこもりソーシャルワークは，どうすればいいのでしょうか。ひきこもりソーシャルワークの現場に登場する外傷体験のある当事者にとって，まず，出会ったソーシャルワーカーやソーシャルワークは，彼や彼女が，安心できる場や関係を保障しなければなりません。ソーシャルワーカーは，彼や彼女たちに寄り添い，待ち，彼や彼女たちから，ソーシャルワーカーに語り始めた時，その語りから彼や彼女たちが心の底に覆い隠さざるを得ないものを学びとる必要があるのです。

　外傷体験のある当事者たちは，その傷の深さから，体験から数週間や数か月で，自分からその体験や生きづらさを語ることを可能にするのは困難でしょう。その傷は，彼や彼女たちを死の淵にまで追いやるほどの深さです。ソーシャルワーカーが結果を急ぎ，語ることを強要するならば，彼や彼女をより死の淵に追いやり，語らない人にしてしまいます。
　外傷体験のある人が語ることができる条件を整備するのが，ひきこもりソーシャルワークの仕事です。彼や彼女たちが語ることができる条件として，当事者が安心できる場と関係の保障をあげることができます。それは，彼や彼女たちに自身の痛みを語ることを強要するのではなく，その痛みを共感できる場と関係です。その一つに，ピア・スタッフの存在があるでしょう。自分と同じ体験をしてきた人が，参加した場にいた時，その人が歩んできた人生に自分の姿を映して考えることができます。もちろん，すべての場で，ピア・スタッフが活動しているものではありません。そこで重要となるのは，いままでの人生で体験した苦しかった体験を語ることができるスタッフと集団です。

　さらに，外傷体験との関わりで考えなければならないのが，精神障害のある親に育てられた子どもたちのことです。今日，うつ病や神経症などを含めると，親が，その子の発達過程で精神障害をもつことは，増加しつつあるのではないでしょうか。精神疾患は，社会や文化から様々な影響を受け，時代とともに変化します。いわゆる働きざかりと言われる40代，50代の人たちをライフサイクル上のストレスが襲い，この年代の自殺率が高くなっていますが，ひきこもり当事者の親のなかでも，仕事でのストレスからうつ病になり自宅で療養生活を送っている人や，職場に復帰したものの精神的に不安定な人がいます。
　虐待を体験した人のひきこもりは，親の精神疾患と深い関わりを持っています。親が，子どもの発達過程のどこで精神疾患をもつかにより，その影響の現れ方に変化があります。例えば，周産期に精神疾患をもち，適切な支援を受けなかったならば，授乳という子どもの命を護る営みに影響が生じ，命の危機が生じかねません。また，乳幼児期に親に精

神疾患が生じた時には，子どもと外に出て遊ぶことが困難になります。その後も，精神疾患をもつ親のもとに育ち，養育放棄を主とした虐待の被害者となることがあります。

　精神障害の親に育てられた子どもの苦しさを，その発達段階との関わりで明らかにしている研究は数少ないですが，田野中経子が，精神障害を親にもつ「子どもの困難」を年代別に特徴を分析しています。その研究では，子どもの頃に親が精神障害であった10名の成人に対し半構造化面接を実施し，質的記述的研究（M−GTA）によりカテゴリーを抽出する方法をとっています。田野中は，「わけのわからぬまま親の症状をみるしかない生活」「世話をされない苦しい生活」「親の言動に振り回される精神的不安定さ」「心許せる友達や安心できる場所のない苦しさ」「我慢だけ強いられ，周囲からも支えられない苦しさ」「青年期以降も発達への支障を自覚する生きづらさ」の六つのカテゴリーを抽出しています[12]。田野中は，この6つのカテゴリーに含まれる35のサブカテゴリーが，学童期から成人前期（30歳まで）のそれぞれの発達段階にどのように生じるかを示しています。

　田野中の研究は，ひきこもりソーシャルワークの現場で出会う精神障害の親に育てられた人たちの支援を考える上で，不安定な親と子の双方を対象とする実践として発展する必要性を示唆しています。

2-2. ひきこもりソーシャルワークと家族

　ひきこもりの要因を，単純に親や親子関係に求め議論することは無意味であり，危険です。もちろん，彼や彼女が社会の一員となっていく社会化の過程において親は重要な役割を果たします。親との関係での子どもの悩みは多岐にわたりますが，親も子どもがひきこもった時，将来への不安や焦りを持ちます。ひきこもり生活が長くなるなかで，親は，慢性的な悲哀状態に陥るかもしれません。

2-2-1. 慢性的悲哀のなかで

　中田洋二郎は，障害児や慢性疾患の子どもを持つ親の慢性的悲哀について，共通する特徴を「1. 慢性的な疾患や障害のような終結することがない状況では悲哀や悲嘆が常に内面に存在する。2. 悲嘆は常には顕現しないが，ときに再起するかあるいは周期的に顕現する。3. 反応の再起は内的な要因が引き金になることもあるが，外的な要因，例えば就学など子どもが迎える新たな出来事がストレスとして働きそれが引き金となる。4. この反応には，喪失感，失望，落胆，恐れなどの感情が含まれる．また事実の否認という態度も並存することがある」の4点に求めています[13]。

　ひきこもり期間が長くなればなるほど，その親は慢性的悲哀の状況下におかれるのではないでしょうか。そのなかで，喪失感，失望，落胆，怖れなどの感情が強まる時や，事実を

否認する時には，ひきこもっている事実を受けとめる（受容する）ことができずに，介入的に関わることが多くなるでしょう。それは，その時，ソーシャルワーカーの前には，弱り切った親が登場しているからです。ひきこもりソーシャルワーカーは，そこに生じている親と子の関係をなんとか変えたいという思いを持ちます。ソーシャルワーカーが持つその思いは，時に支援の焦りを生み出し，結果として，ソーシャルワーカーと家族の関係を悪化させることがあります。

　もちろん，ひきこもりソーシャルワーク実践は，親子の関係を抜きに考えることはできません。しかし，親の課題を，親の生理的・心理的特徴として捉え，病理性を追求することに終始してはなりません。親の課題は，今日の社会的背景のなかで生じているものであり，親が当事者に介入的に関わる背景には，親自身が今日の社会的諸課題のなかで苦しんでいる状況があることを確認する必要があります。

2-2-2. 高齢化するひきこもりと親

　ひきこもりが長期になればなるほど，ひきこもり状態から解放されることは，保護者にとって切実な要求になります。KHJ（全国引きこもりKHJ親の会）の2015年調査[14]では，ひきこもりの本人と家族の同居率は86.1％であり，ひきこもり期間については，2013年調査の結果，平均124.55ケ月（10年4ヶ月）となっています。最大は396か月（33年）です。また，ひきこもり者の平均年齢は35.6歳と報告されています。親も高齢化し，その平均年齢は64.3歳です。ひきこもる若者が，高年齢化する家族と同居し，その家族が地域から孤立する時，家族内の葛藤や増悪が常態化することがあります。また，高齢化した家族は，ひきこもる若者と対峙する体力や精神力をなくし，諦めの日々をおくることになります。以下はKHJ調査の自由記述からの引用です。

　　ひきこもり本人の世話を肉体的，経済的に行うことは，現在の私には無理です。現在60才，母子家庭，これから，何十年も本人を支えていきますと，共倒れとなります。親の介護で親子が共倒れになる事例と同じ現状が起こらぬよう。ひきこもりと親の生活は分離させて頂きたいのです。私にとっては，本人と分離することが幸せです。本人も私と分離し，生きていきたいと言っております。ひきこもりの自立。自活（生得）分離こそ，家族への支援です。(KHJ，2015年調査：生活困窮者自立支援法に基づく自立相談支援事業への意見・要望)

　当事者が，高齢化する家族と同居し，その家族が地域から孤立する時，家族内の葛藤が増悪し，しかも常態化することがあります。高齢化した家族は，ひきこもる若者と対峙する体力や精神力をなくし，諦めの日々をおくりがちです。こうした弱り切った親を対象に，ひきこもりから「脱出」する商品を勧めるのが，ひきこもり産業です。今日，ひきこもり

産業は,「相談から自立まで」をパック商品とし,家族では対応しきれないひきこもり事例への「総合的」対応をセールスポイントとしています。そこには,若者たちの可能性と命を奪うパターナリズム的発想が共通して存在し,生存権,発達権を保障すべき福祉実践とは程遠い「商売」があります。

　ひきこもり産業は,数々の悲惨な事件を起こしてきています。2006年に名古屋で起こったアイメンタルスクール事件[15]では,一人の男性が拘束の上,命を奪われました。また,2019年11月には,浜松市内の新東名高速自動車道で,神奈川県内の「自立支援施設」に向かう車中から神戸市の30代の男性が飛び降り,複数の後続車に衝突して死亡する事件が起こりました。こうしたひきこもり産業は,長期にわたるひきこもりゆえに苦しんでいる親が存在し,その親を商いの相手とできるがゆえに,雨後の筍のように生まれてきます。

　今,ひきこもりの親や家族にとって切実な課題は,自身の亡き後の生活でしょう。自分が亡きあと,息子や娘はどうなるのか,きょうだいがその面倒をみるのか,この子は独りぼっちになるのではなかろうかと,その心配は絶えません。今日の社会は,その親や家族に「大丈夫,任せておきなさい」と言えるでしょうか。ひきこもりの親たちが安心して亡きあとを任せることができる社会こそ,安心してひきこもりつつ,人生と向きあうことができる社会です。その社会の創造を目指すのが,ひきこもりソーシャルワークの課題です。

　この親亡き後の「安心」を売るひきこもり産業もあります。ある団体は「ひきこもり、ニート、あるいは障がいをお持ちのお子様を抱えるご家族の家計を考える、ファイナンシャル・プランナーの集まりです。親だけでなく、お子様の生涯をまっとうできるだけの資金計画を立てるお手伝いをしています。ご家族からの個別のご相談、自治体・家族会などでの講演、書籍・雑誌などでの執筆による、ご家族のためのファイナンシャル・プランニングの提案をしています」[16]と,当事者達の親やきょうだいに呼びかけています。親に財産がある場合,その財産を子どもに分け与えることは当然のことでしょう。ただ,働けない当事者の将来を親に依存する社会で良いのでしょうか。

　ひきこもり家族会等で,親子の関係を改善するために,親としてどう接するかを教育することも必要かもしれません。しかし,それは小手先のことであり,親が安心して生活できないと息子や娘のひきこもりを受容する力が出てこないのではないでしょうか。先行きの不安があるなかで,子どものひきこもりとじっくりと関わることは不可能でしょう。親が,高齢化するひきこもりのなかまたちの部屋をバールで開け外に引き出すといったような暴力的な関わりや,ひきこもり産業を利用しなければならない事態は,その親がなんからの課題を持っているがゆえに生じていることではなく,親が安心できる社会を築けていないがゆえに生じていることです。

2-3. ひきこもりソーシャルワークと地域・社会

　ひきこもりに対する社会のスティグマ（偏見・差別）は，深刻な状況にあります。社会から奇異な目でみられ，家族の責任を追求されるなかで，ひきこもり当事者やその家族は，ひきこもっている事実を恥と考え，自身が暮らす地域での諸活動から遠ざかる場合があります。スティグマには，社会的なスティグマ，つまり，否定的な「その人は，○○である」といった烙印を社会的に押されることと，なんらかの課題をもっている人自身が，自身のことを「私は，○○だから」と否定的にとらえるセルフスティグマがあります。この二つのスティグマと向き合い，ひきこもりの予防や当事者を応援する地域の仕組みが存在していないか脆弱なのではないでしょうか。

2-3-1. 地域からの孤立と二つのスティグマ

　社会的なスティグマ，セルフスティグマの双方とも，家族を地域から孤立させ，家族が地域で生きていく力を失わせる負の力となります。いわば，家族をディスエンパワー（活き活きと生きる力を奪われること）させる否定的な力が襲うのです。家族は他者から遠ざかるなかで孤立し精神的な余裕が奪われます。セルフスティグマは，自尊感情を傷つけ，当事者や家族を抑うつ状態に陥れます。さらに，あまりにも深刻なスティグマは，市民を精神障害やひきこもり問題から遠ざけ，市民から精神障害やひきこもりに対する正しい認識を得る機会を奪ってしまいます。

　精神障害やひきこもりの家族にとって，地域（コミュニティ）への参加は，必ずしも楽なものではありません。時には，自身の家族がひきこもっているがゆえに，地域（コミュニティ）の成員との間で強い敵対や葛藤が生まれることがあります。ひきこもりと関連する事件が生じた時には，地域の人からなんらかの思いをもたれているのではないかと猜疑的になることもあります。しかし，地域（コミュニティ）の成員が，家族の課題を共に考え，その危機を克服するための資源として機能し，家族がなんらかの課題からリカバリーする力になることもあります。

　平野敏正は，「セーフティーネットとしての人間関係を第一次的に形成し人びとの命と生活を支えてきたのが家族」であり，それは，「人々の生を支援し，人々の生活を支える基本的で第一義的な福祉追求の集団」であったが，その家族の機能を問い直す必要があるのではないかと述べています。彼は，「現代社会に生きる人々にとっても『生老病死』が生きることの根源的不安としてあることは誰もが認めるところであろう。私たちがこの根源的不安に立ち向かう時もっとも大きな力となるのは自分自身の存在に対する確信ではないだろうか。私が誰であり，いま，ここで，このように生きてある＝生きて存在している，との確信こそが不安に立ち向かう勇気を私たちに与えてくれる。ではどのようにして私た

ちはいま，ここに，このようにして生きてあるという確信を得るのだろうか。そのもっとも大切な場所こそ家族である」と述べ，現代家族にあっても家族関係が持っていると思われる意義を再評価し，家族について再考する必要があると述べます[17]。

　根源的不安に立ち向かう時，最も大きな力となる「自分自身の存在に対する確信」を育てる基礎的な集団は家族でしょう。家族はひきこもり等の困難な状況からリカバリーする力を失っているのではありません。ただ，家族が，地域に依存し，地域の力を借りながらリカバリーすることができなくなった時，地域からの孤立が進み，ひきこもりという事態がより家族を深刻な慢性的な悲哀状態に陥れます。だからこそ，地域が当事者達や家族を支える力を持つためにどうすれば良いのか，ひきこもりソーシャルワークは考え，提案する必要があります。

2-3-2. ひきこもりソーシャルワーク対象としての地域

　地域は，孤立する家族を悲哀に陥れない仕組みを創り上げなければなりません。その仕組みが，社会的なスティグマやセルフスティグマを克服することを可能にするのです。ひきこもりの家族が孤立する地域は，他の多くのマイノリティにとっても生活しづらい地域でしょう。ひきこもりソーシャルワーカーは，ひきこもりや精神障害，発達障害その他のマイノリティが，共に依存しつつ発達し，自分たちが暮らしやすい地域づくりの主体となっていくことを可能にする役割を担う必要があります。

　地域で実践する事業所や組織の実践は，社会の制度や政策により規定されており，時に，当事者の要求に十分に応えることができないものになります。地域のソーシャルワーカーには，こうした実践の政策規定性とどう向き合い，当事者や家族を差別や排除からどう解き放つのかが問われています。

　そのために，ひきこもりソーシャルワークは，ひきこもり当事者と家族，市民の地域に埋もれている要求を組織し，それを実現するシステムを創り上げる必要があります。それがひきこもり協同実践システム（第5章参照）であり，当事者・家族，市民，ソーシャルワーカーが，それぞれにそれぞれの役割を遂行しつつ，社会的な排除や搾取，孤立と向き合う生活主体，実践主体，運動主体を育てることを目指すシステムです。

　地域住民のなかにある根強いスティグマを克服することは重要な地域実践の課題ですが，地域住民を対象とする啓発を組織する実践に終わってはなりません。地域は当事者や家族が生活する場であり，当事者や家族がひきこもりがもたらす不自由さから解放される場となることが求められます。この場を育て上げるためには，ひきこもり問題への関心を地域で広げる取り組みの担い手を組織する必要があります。その担い手となるのが，ひきこもり実践の市民サポーターやピア・サポーターです。市民サポーターやピア・サポー

ターを育てる実践は，ひきこもり問題に関する社会的関心を育てます。

　さらに，ひきこもりソーシャルワークは，地域に，当事者達が参加する場を創り上げる課題を持っています。この場を創り上げるために地域の関係する機関や組織との連携や協働を育てることが求められます。例えば，ひきこもり当事者が集う場を組織する時，地域の高等学校や専門学校の教員や高校生の要求にもとづくボランティアが参加・運営している実践があります。また，彼らが働く場を創り出す実践を，地域の農業協同組合や高齢者生活協同組合と連携し，展開しているところがあります。こうした動きは，地域で暮らす他のマイノリティの利益をも生み出します。

　地域は，変革対象でもあり，ひきこもりソーシャルワークを育てる資源でもあります。まさに，今，分断された地域から協同する地域を目指す実践が必要になっています。ひきこもりソーシャルワーカーは，ひきこもり当事者と家族が地域がもつ可能性（力）を育てる主体となることを認識し，その実践を育てる必要があります。

　この地域づくりは，公的な方策のみで可能になるものではありません。地域づくりを，民間の力で進め，ひきこもりの当事者が，そこで自分たちが行ないたい仕事を追求しようとする実践の一つに大阪府箕面市で展開している「NPO法人暮らしづくりネットワーク北芝」があります。この実践体は，「地域の課題を解決するための活動を起こそうとしている個人やグループの支援を行ない，人と人，組織をつなぐネットワークとして機能すること」を目的として2001年から実践を開始しています。
　「北芝」の実践は，韓国で展開されている地域づくりの実践を参照しています。韓国では，経済発展と都市化の代償としてコミュニティの崩壊が社会問題化するなかで，住民主導の事業が展開されてきました。「ソウルで一番住みたいまち」であるソンミサン・マウルは，その代表的な存在です。ソンミサン・マウルは，1994年に25世帯の子育て夫婦が共同で出資して育児施設を設立するところから始まりました。その後，共同出資の仕組みを使い，生活協同組合や総菜店，レストラン，カフェ，学校や劇場，共同住宅、介護士養成所，互助銀行などを運営しています。

　ひきこもりソーシャルワークが，ひきこもり当事者や家族を対象として展開する地域づくりの実践は，まさに「北芝」が目指す「個人とグループの支援を行ない，人と人，組織をつなぐネットワーク」を築き上げ，そこで暮らす多くの人の要求を実現し，暮らしやすい地域をつくる実践になります。

第3章

生存権・発達権を保障する ひきこもりソーシャルワーク

　ソーシャルワーカーは，時に当事者の権利を制限する行為に及ぶことがあります。例えば，公務労働に就く精神科ソーシャルワーカーには，当事者の要求でなくとも対象を精神科病院に入院させる権限が与えられています[18]。強制的な精神科病院への入院の場合のみならず，ソーシャルワーカーは，その時の状況により，権力的に彼らの生活を支配しようとする「力」を働かせることがあります。

　ひきこもりソーシャルワークは，ひきこもる若者の生活を支配しようとするその力と抗う実践を創造する必要があります。なぜ，その「力」と抗わなければならないのでしょうか。それは，ひきこもりソーシャルワークは，乳児期以降ひきこもるまでのなんらかの発達上の課題と向き合いながら生きている者や，人生の途中で了解しがたい外傷的なできごとに出会い社会参加が困難になった者，発達過程で人と関わることに極度の不安や怖れをもち社会参加が困難になった者，難病等の内科疾患で同年齢の仲間と関わることが阻害されてきた者など，様々な人と関わる実践であり，あらゆる制限からの解き放ちを目指す実践だからです。

　ハーマンは，患者と治療者との共同作業を通じて発展する治療関係は，「協力的な当事者関係」である「実存的アンガージュマン（かかわりあい）関係」があり，パートナーは「共に回復という事業のための相互拘束者」として存在すると述べています[19]が，ソーシャルワーカーと当事者の関係性も，まさにハーマンが指摘する「共に回復という事業のための相互拘束者」となる必要があります。ひきこもりソーシャルワークは，生存や発達の権利を権力的に制限することとは無縁の実践です。

3-1.　侵襲的支援の克服を

　少なくないひきこもり当事者が，「君の両親に依頼されました」と，見ず知らずの人の突然の来訪を経験したことがあるのではないでしょうか。また，希望していなかったにも

かかわらず，長く連絡のなかった中学校当時の担任から，突然「どうしている？　元気か？」とメールがあり，「来週，遊びに行きたいのだが」という言葉があったことに驚いたと語る当事者もいます。彼らにとっては，そうした予期せぬ介入が侵襲的介入となることがあります。自分自身の状況に納得してひきこもっている当事者は少ないでしょう。彼や彼女たちは，なんらかの苦しみや不安を抱えながらひきこもっているのです。その人たちにとって，なによりも大切なのは，その苦しみや不安が認められることです。

　2006年4月に名古屋でひきこもり「支援」を目的として活動していたアイ・メンタルスクールで殺人事件が発覚しました。名古屋市北区のアイ・メンタルスクールの寮で入寮者の26歳の無職男性が死亡した事件で，寮から手錠など数種類の拘束用の道具が見つかりました。それを押収した愛知県警の捜査により，職員がその拘束道具を使用したことが判明しました。この事件に関わり，アイ・メンタルスクールの経営者杉浦昌子の姉・長田百合子が経営していた長田塾事件の被害者の弁護士でもあった多田元は，この二つの事件には「人間の尊厳にかかわる問題であること」「暴力を正当化する論理」「親・家族が不安で孤立し，無力な状態におかれていること」「被害を受ける当事者本人が社会的に孤立していること」という四つの共通点があったと指摘しています[20]。多田が指摘するこれらの共通点は，この事件のみに指摘できることではありません。

　命まで奪わないまでも，社会的に孤立し無力な状態におかれている若者たちから，その後の人生を生きる力を奪う介入が，ひきこもり支援のなかに多く存在します。その支援には，支援者の「あるべき」人生観，「あるべき」若者観が強く反映し，誰が人生の主体であるかを見失っているばかりか，その支援者の人生観に呼応する人生を歩むことを強要する思想をみることがあります。

　多田元は，さらに，「子育てに失敗したと自責の念に苦しみ，孤立感に陥って大きな不安を抱える」親に対して「子どもをそのような状態に陥らせた原因は親にあり，親が悪いと徹底的に責める」方法を，長田がとってきたと指摘します。この方法は，長田塾やアイ・メンタルスクールに限ったことではなく，「無料相談」で徹底的に親を責め，子育てに自信を喪った親に「もう限界なら，私たちに任せなさい」と，有料の治療契約を結ぶひきこもり産業に共通してみられることです。

　現在，ひきこもりを中心とする若者を対象とする福祉法・制度が存在しないなかで，日々の生活に困っている者の「要求」に着眼した「人助け」が産業として成立しています。そこでは，「コンシューマー（消費者）」である親を獲得するために，職場や学校への再適応を図ろうとします。事業主が，事業成果をあげるためには「再適応」という結果が必要なのです。公的な社会福祉法・制度がないなかで，結果を急ぐ「ひきこもり産業」が展開さ

れ，悩み苦しむ若者と家族の生きる権利が剥奪されているのです。

　それは，命と尊厳の剥奪という事実を生み出しています。「ひきこもり産業」の収益に
繋がらないひきこもり当事者や，「ひきこもり産業」の意向に従わない者は，「効果がない」
「反抗的である」と判断され，暴力や暴言を加えられるのです。「連れてこられた青年たち」
のなかには，その事実に抗議できず，そこから逃げることもできずに，自己の尊厳を失い
つつも，命を護るために，従順で物言わぬ「コンシューマー（消費者）」とならざるを得
ない人が多くいるのです。

　さらに，暴力や暴言を伴わない実践であっても，強いパターナリズムや教条主義がみら
れる実践においては，彼らがもつ苦しみや不安を支援者の都合で理解しようとすることが
あります。ひきこもりソーシャルワーカーは，個々の当事者や家族の心理学的特徴や疾患
と向き合う専門職ではなく，個々のひきこもり当事者や家族が生活を創り上げる主体とな
る実践を展開する専門職です。その実践を展開するためには，協同の力（ひきこもり当事
者と家族，実践者がともに課題に向き合う力）が必要となります。協同の力は，実践のな
かで自己と向き合い，当事者や家族と共に生活を創り出す実践を展開するなかで獲得され
ます。

　1990年以降，ボランティア論の中で「支援－被支援」の関係性に疑問が出されるよう
になりました。それは，ボランティアに想定された隣人関係が否定されてしまうのではな
いかという考えのもとで出てきたものです。もちろん「対人援助」においては，当初より
「支援者と被支援者の平等性」は担保されていますが，実際のソーシャルワークでは「支
援者」と「被支援者」が平等に実践に参加できているのかどうかが問われる場面がありま
す。たとえば，アセスメントを支援者のみで行ない，当事者（被支援者）の考えや意見が
そのアセスメントに反映されていない場などはその典型です。

　ひきこもりソーシャルワークが追求する協同的関係性は，当事者（ひきこもり当事者，
家族）—実践者—市民が相互に実践を展開する主体となり，その実践を相互に点検しあい，
そこに生じた矛盾や課題を解決する運動を共に創り上げる関係性です。もちろん，プロス
タッフの「専門性を捨てよ」と言っているのではありません。プロスタッフは，プロスタッ
フとしての専門性を，ピア・スタッフはピア・スタッフとしての専門性を追究し，当事者
とソーシャルワーカーが，生活主体として要求実現を追求する協同的関係性が必要です。
それは，それぞれの立場は異なりますが，それぞれが同じ目標に向かってその願いを実現
する関係性です。

　「人間が生活している自然環境の変革」「人間の生活の様々な形態や制度の創造，社会的
相互行動，相互のコミュニケーション，協働，競争と闘争，人間の生活の社会的諸条件の
変革」「人間の自己創造」を目指す実践を支えるのが協同的関係性です。

3-2. 順応から参加を目指すひきこもりソーシャルワーク

　ソーシャルワークが，個々人のパーソナリティの発達や自我の形成に焦点をあてていた頃，当事者がいまある環境に順応する支援が問われていました。しかし，今，個々人を生活の主体として問い，生活を築き上げる実践を問う今，この順応支援は過去のものになっています。ソーシャルワーカーは，当事者が生きる社会との間に折り合いをつける役割を担う存在ではありません。その役割を遂行するならば，ソーシャルワーカーは権威性をふりかざすことになるでしょう。多くの情熱的なソーシャルワーカーは，当事者達の語りや親の語りを聴き，その生活の現実に触れると，「社会に適応する方法を探らないといけない」「彼らを救うために社会で生きる力を形成しないといけない」という思いをもってきました。その情熱はもちろん必要ですが，ややもするとそこにパターナリズム的な思考が生じる隙があるかもしれません。そうした思考は，当事者達の生活を権力的に支配してきたのではないでしょうか。支援－被支援の関係ではなく，彼らと今の社会を共に生きる関係を問う作業を懸命に行なうなかでも，ソーシャルワーカーと当事者達の間に力の不均衡が生じることがありえます。

　今日，ひきこもりソーシャルワークが，支援－被支援関係にみる古典的な権力関係を克服しているのかと言えば，決してそうではありません。今，ある社会を是とし，当事者がその社会に順応することを目指すソーシャルワークの方法の根底には，古典的な権力関係がまだ息づいているかもしれません。ひきこもり当事者を，今ある社会に適応できていない「不適応者」として捉え，管理するソーシャルワークが，いまだに存在するのではないでしょうか。

　ひきこもり現場に登場する人たちのなかには，幼少期に虐待を経験している人もいます。彼や彼女たちのなかには，長期にわたり繰り返される虐待のなかで複雑なトラウマを形成し，生活と意欲的に対峙する力を奪われ，人生から懸命に回避し自己を守っている人がいるかもしれません。また，最終的に護られる存在としての親を失うことから生じる不安により，自己の人生の課題と向き合う力を失っているかもしれません。そうしたなかで究極的に自己を守る手段としてひきこもっているのかもしれません。

　また，学童期のいじめやなかまからの排除，さらには職場集団での排除を経験している人は，自己の存在価値や尊厳や集団に護られる安心を喪失し，集団で育つ力を奪われ，「学校」「職場」「地域」の仲間のなかで育つ機会を失っているのかもしれません。ひきこもりソーシャルワークが，現在の社会から排除された多様な人たちが，今ある社会に再適応をすることを目指して実践されるならば，彼や彼女たちは悲鳴をあげるのではないでしょうか。

　また，親や家族たちはどうでしょうか。ひきこもりは，貧困な世帯や社会的に排除されやすい世帯にのみ生じるものではありません。親や家族たちのなかには障害や発達上の課題をもった人や生活が困窮状態にある人から，今日の社会でエリートとされる人まで，様々な人がいます。ただ，そこで共通していることがあります。それは，ひきこもっている人が家族のなかに生じ，今の暮らしをどうすれば良いのか，将来の見通しをどう立てていけば良いのか途方に暮れているという事実です。多くの人は，そのなかで捉えどころのない不安に支配された生活を送っています。この不安は，ただ，共感し傾聴するなかで解消されるものではありません。それが解消されるためには，ほんの少しでも将来の見通しが見えてくる必要があります。

　親や家族のなかには，社会によって護られる法や制度が存在しないなかで，自己の財産によりその将来への見通しをつけようとする人もいるでしょう。しかし，それが可能となるのは，ほんの一部の人です。親や家族の不安を解消するために，個々人と向き合うカウンセリングは確かに必要かもしれません。しかし，この漠然としたとらえどころのない不安は，今，その生活が支えられる制度や法が存在しないなかで，カウンセリングのみを保障しても解決できません。ややもすると，事態がなかなか進まないなかで，家族は焦りをより強め，不安や支援に対する不信感が増大するかもしれません。自己肯定感を傷つけた親や家族は，「私が悪いのは十分わかった。でも，これ以上，どう頑張ればいいのか」と叫ぶかもしれません。

　そもそもソーシャルワーカーとは何を行うべき職種でしょうか。田川佳代子は「抑圧された人々とつながりをもち，抑圧された人々の集団に属し，彼らの社会的アイデンティティに同一化しながら実践」し，「行動しながら生まれる考えを発展させ，理論と実践をつなぎ，世界を理解し，変えていくために行動する」職種であると述べています[21]。ソーシャルワーク専門職は，グローバル定義（2014年）において，「人間の福利（ウェルビーイング）の増進を目指して，社会の変革を進め，人間関係における問題解決を図り，人びとのエンパワメントと解放を促していく」専門職であると定義されています。この社会変革の任務をどう捉えるべきでしょうか。これは，個人・家族・小集団・共同体・社会のどのレベルであれ，現状が変革と開発を必要とするとみなされる時，ソーシャルワークが介入することを前提としているということです。今ある社会の矛盾を放置し，そこへの再適応を図るのがソーシャルワーカーではありません。

3-3.　発達保障実践としてのひきこもりソーシャルワーク

　ひきこもりの相談は，多くの場合，家族や親族から寄せられます。言いかえれば，自室あるいは自宅へのひきこもりは，家族や親族からの相談がなければ見えてこないことが多いのです。このため，ひきこもりが事例化した時には，ひきこもり期間が長期になってい

ることや，ひきこもりに伴う二次的な精神症状が生じていることも少なくありません。

　発達保障論は，重度・重症障害児の発達を保障する取り組みのなかで，その実践を組織するために生み出されたものです。思春期から青年前期以降にひきこもる人たちの多くは，今，制度や法の狭間のなかにいます。この期の当事者は，有り余ったエネルギーを親や家財道具に向け発散することがあります。そのなかでは，親や祖父母に暴力をふるう者も生じます。また，なかには，ひきこもり期間が10年以上になる人もいます。長期にわたるひきこもり事例のソーシャルワークは，困難を極めることがあります。その家族は，長期のひきこもり期間で深刻になった親子の軋轢や葛藤のなかで疲弊し，当事者は，自分の苦しさを理解してきれない親への不信が強まるなかで，毎日のように争いが絶えない状況に陥っていることがあります。

　ひきこもり当事者の基礎的な障害や精神疾患，長期にわたるひきこもりゆえに生じてきた精神症状に対しては適切な治療が必要となります。適切な精神科医療や臨床心理的な支援とともに必要なのが，発達年齢に応じた実践を保障する実践です。思春期から青年前期おいてひきこもりとなり，学校から社会への移行に躓いた当事者にとっては，様々な体験を通して社会に参加することを保障する実践が必要となります。今日，多くなっている壮年期のひきこもりの当事者にとっては，社会から孤立せずに，社会となんらかの関係を保ち意味ある人生を送ることを保障する実践が必要となります。

　ひきこもりソーシャルワークを，なぜ発達保障実践として捉えるのかという点についてここで整理しておきます。一つは，私たちが対象とするひきこもりは，今日の社会が持つ諸矛盾が要因となり生ずる生存・発達上の危機です。この危機と向き合う実践を検討するためには，個人の発達の系，集団の発展の系，社会の進歩の系を切り結ぶ実践研究として展開されてきた発達保障論研究に学ぶところが多いからです。二つは，ひきこもり当事者や家族の権利性について議論する必要があるからです。全国障害者問題研究会は，「発達の権利性や発達の諸条件は，1955年以後の国家独占資本主義の復活強化による生活条件の破壊，収奪の強化，民主的諸権利の抑圧という歴史的現実のなかで弱体化される状況にあった」[22]と，発達保障論の内的契機の一つとして，発達と差別，歴史の関係性をあげています。今，ひきこもりは，今日の社会の仕組みと大きく関わり生じています。このため，社会の変革を目指すことを理念とするソーシャルワークは，当事者や親の権利性と発達の条件を論じる必要があると考えるためです。三つは，ひきこもりに着眼することにより，今日の社会で，その生存・発達が危ぶまれている就職氷河期にあった人達，いわゆる「失われた20年」と言われる人達の生存・発達を保障する実践も論じることが可能になると考えるからです。

　さらに，根幹的な点ですが，ひきこもりソーシャルワークは，コミュニケーションを媒

介とする福祉実践です。この点について，二宮厚美は「ヒトに働きかける労働は，人が人に働きかけ，互いの精神的諸力の発達を享受するコミュニケーションの世界をつくり出すために，これをここでは精神代謝労働と呼んでおきます。（中略）障害児教育に従事する教師が生徒たちを教育するという場合，また作業所の指導員が仲間たちの指導・援助にあたるという場合，そこには日々，互いにコミュニケーション関係を通じて，互いが互いの働きかけを通して発達を担い合う精神代謝関係が進行している」[23] と指摘しています。ひきこもりソーシャルワークは，まさに精神代謝労働だと考えます。日々，ひきこもり当事者や家族と関わり，どうすれば彼や彼女たちの権利を保障し，豊かな生存・発達を保障できるのかと苦悩し，時には，当事者や家族さらには地域との摩擦に苦しみながらも，当事者や家族との関わりのなかで，ソーシャルワーカーとしての自身の発達を確信できるのが，ひきこもりソーシャルワークです。

　こうしたことから，本書では，ひきこもりソーシャルワークを発達保障の視点から論じる努力を行ないたいと考えます。

　発達保障実践として把握する上では，第一に，個の発達をいかに保障するかを問う必要があります。そこでは彼や彼女たちの生存・発達が阻害されている社会的な要因とソーシャルワークがどう向きあうかが問われます。その実践は，今ある状態と対峙する医療・福祉・保健，あらゆる分野で，ひきこもる若者たちを不自由から解き放つ実践を高めあうことが可能となっているか否かを確認しなければなりません。

　第二に，人は，集団との関わりを持ちながら生き，発達します。その集団は家族・学級（校）・職場・地域等で形成されます。この集団の発展をどう保障するかが問われます。たとえば，家族を「病理」性をもつ治療対象であると理解するようでは，発達保障実践の展開は困難でしょう。個々の発達を保障するためには，家庭が安全と安心を保障される場となる必要があります。ひきこもりの家族となった自責に囚われていた家族が，他の家族と，その生きづらさを共感できる力をもつとともに，現在の社会での生きづらさを告発する力をももつ必要があります。また，学級（校）や職場は，人を傷つけ排除する集団から，人と人とが力を出し合い，矛盾ある社会と向き合う集団となることが必要です。

　また，ひきこもり支援における集団には，居場所や就労準備の場などの日常生活集団，居住地などの同年齢集団など彼らの生活をより豊かにする集団，彼らと共にマイノリティとしての生活要求を高めあう地域生活者集団があります。それらが，一様に社会への「順応（適応）」を求める集団であったならば，その集団に「自分たちの生き方を，自分たちでつくっている」という思いを持つことはできないでしょう。しかし，それが彼らの多様な人生を追求する集団であったならば，「順応（適応）」ではなく，主体的な参加が可能になるのではないでしょうか。

　第三に社会の進歩です。スティグマや差別を許さない社会を構築するソーシャルワークが必要であることは言うまでもありませんが，それとともに問われなければならないの

が，当事者達が幸福を追求できる社会をどう構築するか，それを，ソーシャルワークが目指す社会変革との関わりでどう捉えるか，ということです。

　そもそも，ひきこもる若者は，多様な生き方を追求する存在です。本来，人間は，あらゆる面で多様であり，感じ方も考え方も多様です。この多様性は，彼らの育ちの過程における多様な学び方や働き方により，より豊かになるものでしょう。多様性は，否定されるべき消極的なものではなく，むしろ，その人が望む人生を歩むために肯定的に評価されるべきものです。しかし，今日の社会においては，その多様さゆえにその人の暮らしが苦しくなる状況が生じかねません。彼や彼女たちが，多様な学び方や働き方を可能とする社会的資源，多様な彼や彼女の人生を肯定的に評価する価値観（発達観）に裏付けらた社会が不可欠です。

3-4.　社会変革の主体を育てる実践の創造

　ひきこもりに伴う様々な課題が深刻になった時や，ひきこもりが長期化し本人や家族の生きづらさが激しくなった時に，ひきこもりソーシャルワークの対象となることが多いのは事実です。もちろん，地域の実践体は，ひきこもりになる前のいわゆるひきこもり親和群の人たちとも出会います。もちろん，少なくないひきこもり当事者は，発達障害をもっていたり，親との関係でなんらかのメンタルヘルス上の課題をもっていたり，社交不安障害をもっていたりすることは否定できません。しかし，ひきこもりがなぜ生じているかに関しては，基礎的な障害がある場合でも，没心理的，没生理的に考えてはなりません。重要なことは，その基礎的な障害がもたらす生きづらさが，今日の社会の構造的な諸矛盾により，より深刻な現れをしているということです。もちろん，今日の社会の構造的な諸矛盾の深刻さは，障害があってもなくても，人々に社会からの全面的な撤退を起こさせる可能性があります。

　ソーシャルワークは，人々の解き放ちと社会変革を行う実践として定義される[24]ものであり，ひきこもりソーシャルワークの目的も，ひきこもる人やその可能性のある人が解き放たれ，社会変革を行う主体として育つことを目指すことにおかれる必要があります。ソーシャルワークが，その人を，いまある社会に順応（適応）させることを目指すならば，疎外の諸形態を廃止する力を持ちえないでしょう。ソーシャルワークのグローバル定義において述べられている「人々のエンパワメントと解放」は，人間の自己創造を意味するものです。「エンパワメントと解放」を目指すソーシャルワークは，疎外の様々な形態を廃止する諸能力を発展させる内実をもつ必要があります。

　今日の社会の諸矛盾のなかでひきこもらざるを得なかった当事者と家族は，社会の諸矛盾と対峙する力を獲得する実践のなかでこそ，自らの解き放ちが可能となるのではないで

しょうか。そもそも"実践"とは，あることを実際に行なうことですが，福祉実践という言葉を使用する時には，そこに深い意味を持たせて考えます。

1960年代にユーゴスラビアの代表的な哲学者であったミハイロ・マルコヴィッチ[25]は，「活動という概念は，より広い概念である。というのは，動物，機械，無機的対象もまた活動の能力を持っているからである。意識的で合目的的な社会的活動とは，人間だけに特有の能力であり，われわれが実践と名づけるところのものなのである」と述べています。さらに，マルコビッチは，実践の三つの基本的な種類に分けられると言います。それは，「人間が生活している自然環境の変革」「人間の生活の様々な形態や制度の創造」「人間の自己創造」です。つまり，人間が自然と向き合い，社会的な諸関係の変革を行なう作業のことを"実践"と言います。

　私が用いる福祉実践とは，様々な生理的な障害や疾患が明確でなくとも，なんらかの生きづらさゆえに，より人間らしい生活を送りたいというニーズを，福祉の資源や福祉を伝える様々な方法（これらは，まさに道具です）を活用し，社会の主体として生きうるために必要となる諸活動をさします。その福祉実践のなかで「生命活動，日常のくらし，生涯」がより豊かになるとともに，その人が社会の諸矛盾と対峙する力を持つことを目指します。つまり，ソーシャルワーク実践過程は，（そこに生じている問題を解決あるいは緩和する過程に留まらずに）対象となる人が生活主体となる過程です。

　その実践は，生活主体であるひきこもり当事者や家族と共に育つ実践者（ソーシャルワーカー）集団が実践主体としての育ちを獲得するものでなければなりません。また，生活主体でもある実践者（ソーシャルワーカー）が，自らが生き暮らす地域を変革し，社会を変革する過程をも含みます。

　ここから，ひきこもりソーシャルワークは，ひきこもり当事者と家族，実践者が，いま，直面する問題を解決あるいは緩和しつつ，社会の主体となることを目指す実践となるべきです。

3-5. 当事者・家族の可能性（力）に着眼したソーシャルワーク

　1970年代以降，困難な出来事を体験したとしても個人を精神的健康へと導くレジリエンス研究が注目されてきました。このレジリエンス研究は，PTSD研究と深く関わっています。PTSD，心的外傷後ストレス障害は，ベトナム戦争の帰還兵にみられた精神症状の治療・研究のなかで明らかになってきました。PTSD治療のなかで，深刻な心的外傷があっても，その後のストレス障害が生じない人の要因を解明する研究が行われるようになり，レジリエンス研究が注目されてきました。レジリエンス研究は，過去の了解しがたいできごとや著しい心的外傷からの回復可能性について量・質双方において解明してきました。臨床的にも，青年期の不適応状態（抑うつ，不安等）は，乳幼児期から思春期までのなん

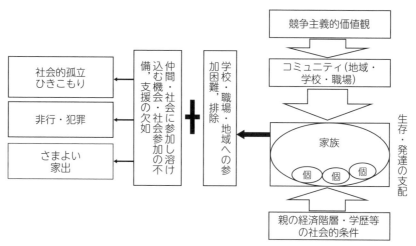

図9　個と家族を規定する社会要因と青年期課題 (筆者作成)

らかの侵襲的なできごとが背景となっていることは明らかです。さらに，その侵襲的なできごとがあったとしても，その人や家族の力により，そこで生じた不均衡と対峙し，青年期に至った時に不適応状態を示さない事例があります。

　図9は，先行研究や臨床経験から，個人や家族の発達上の課題が生じる要素を整理したものです。これは，時間的経過を示すものではなく，レジリエンスを育てる社会福祉政策とソーシャルワークを考える視座を提示したものです。他にも青年期の様々な課題が生じる背景があり，単純化しすぎているかもしれません。ただ，ここで言えることは，社会的な課題を持ちやすい人たちがなんらかの生理的な脆弱性をもつことは否定できない事実であり，その生理的な脆弱性に社会資源の不備が加わった時，家族の力が総体として弱まり，家族構成員の課題と取り組む力が弱まります。さらに，その家族が地域から孤立するなかで，青年期の課題がより深刻になります。

　青年期の家族と向き合うためには，家族の主体性が重要であり「当事者と家族を同一化したり，入れ子状態と考えたり」，さらには「当事者と家族を対概念として考えたりする」のではない視点が必要です[26]。親の経済階層や学歴等の条件により，家族の生存・発達が左右されていることは，いくつかの研究において明らかにされています。

　親が裕福だからひきこもりになるといった考えは，明らかな誤りです。親が高齢化し，その年金のみで生活している世帯は少なくありません。また，狭小な4畳半と6畳の2DKの公営住宅で，80代の親と50代の子がひきこもっている事例もあります。当事者が障害年金を受給できずに，親がその年金から子の国民健康保険料と老齢年金を支出し続けている事例などが少なくないことは調査でも明らかにされています[27]。例えば，KHJ全国ひきこもり家族会連合会が実施した調査では，「『ひきこもり』状態の子がいる家族のかかえる問題，苦痛（苦労どころではなくこの状態は苦痛なのです。）に気づいて欲しいです。援

助を受けられそうな行政機関につながれるような知恵を貸して欲しいです。例えば、国民年金や健康保険料は親が黙って負担していましたが，その負担の重さを知って欲しいです。国民年金はいろいろ軽減策が設けられていますが、それをすると子の受けられる年金額が少なくなってしまいます。とてもこの老後の暮らしを支えきれる額ではありません」といった，自身の老後の不安などが語られています。

　ひきこもりソーシャルワークは，なんらかの課題をもつ家族と当事者達が総体として力強く生きる方法を提示するものでなければなりません。ひきこもりが，家族から前向きに生きる力を奪うことは，少なくない事例が明らかにしてきました。そのなかで，親がひきこもる子どもを殺害したり，子どもが親を殺害した事例があります。このように否定的な事例が目に入りやすいのですが，ひきこもりが家族が生きる力を引き出した事例もあります。こうした事例は，マスコミには報道されないのです。

　なんらかの要因によりひきこもらざるを得なくなってしまった当事者はもちろんのこと，子どもがひきこもってしまった親が，生きていく力を獲得する作業がソーシャルワークに課せられています。さらに，このひきこもり当事者と家族当事者が抑圧から解き放たれるためには，彼らが暮らす地域がその解き放ちを保障する条件を整えることが必要となります。

第4章

ひきこもりソーシャルワークの固有性

　ひきこもりソーシャルワークとは，ひきこもりであるがゆえに受ける固有の制限状態から生じる諸々の課題と当事者と実践者が向き合い，彼や彼女たちが，安心してひきこもりつつ育つ過程で意味ある人生を創造することを可能とする実践や法・制度・運動の総体を指します。では，どうしてひきこもりソーシャルワークを固有に追求しなければならないのでしょうか。

4-1. ひきこもりソーシャルワークの固有性

4-1-1. 対象とする課題の多様さ

　まず，第一に，その対象の多様さにあります。ひきこもりソーシャルワークが対象としなければならないひきこもり当事者には，まず，幼少期の育ちになんらかの課題をもつ人がいます。それは，貧困や虐待のなかで適切な養育が保障されずに発達上の課題をもった人です。また，学童期の生活上のなんらかの課題からひきこもった人には，いじめを体験した人や，友達づくりや学業での躓きから不登校になった人がいるでしょう。さらに，高校時代には，なんらかの理由で高校を中退した後，どう生きるかを見出せずにひきこもった人や，ここでもいじめを体験し不登校になった人がいます。また，就労後には，就労先でのハラスメントや人間関係の困難さからひきこもった人がいます。何年か勤務した後に心身の疾患に罹患し，ひきこもった人もいます。

　もちろん，こうした人生のなかのできごとは，たとえ幼少期の体験であっても，長じてからのひきこもり要因となることがあります。

　ひきこもりソーシャルワークのアセスメントや評価では一定の軸を設けながらも，その実践は多様でなければなりません。

　個を対象としたソーシャルワークは，ひきこもり当事者の生存・発達を保障することを

目指すものとなるために，今，個々人がどのような生活上の課題を抱えているか，個々人の生存・発達の障壁となっているものは何かを明らかにし，その障壁により生じた制限を緩和したり解決する実践を計画し，提案する必要があります。地域あるいは地域で実践する集団（当事者会や家族会など）を対象としたソーシャルワークは，当事者達や家族の生活を支えるために，その地域や集団が果たす役割を検討し，その機能をもつ地域や集団を育てなければなりません。

　まず，個人と家族が抱えている課題のアセスメントを実施する時には，多くの情報を収集する必要があります。その詳細は，第5章第1節（出会いの局面）で述べます。そこで収集する情報のアウトラインは次の通りとなります。

　　㋐本人の健康状態（心身の健康）に関する事項
　　㋑家族の精神状態（心身の健康）に関する事項
　　㋒本人のライフストーリー（今までの人生で出会った出来事と，その出来事がもたらした意味）
　　㋓危機状態の確認
　　㋔生活状態（貧困，なかまや地域からの孤立）
　　㋕地域のひきこもり支援の状態
　　㋖本人のニーズ，家族のニーズ
　　㋗本人の年齢，性
　　㋘家族の年齢，構成

　同じように高校を中退した後に就職や進学せずにひきこもっている当事者達であっても，それぞれがもっている状況は異なります。その違いに焦点をあてることが，ソーシャルワークにおいては重要な課題となります。ある人は，発達障害を基礎にもっているかもしれませんし，ある人は，高校時代に深刻ないじめにあっているかもしれません。また，他のある人は，幼少期に親から受けた虐待が青年期に向かう力を奪っているのかもしれません。オーダーメイドのひきこもりソーシャルワークは，本人がどのようなニーズを持つのかを正確に分析することが必要です。

　アセスメントを進める過程で，現存する社会資源では対応しきれないニーズと出会うこともあります。その時，現存する社会資源で解決しようとするだけでは，オーダーメイド型の支援は困難です。対象が多様であればあるほど，現存する社会資源では対応しきれません。時には，現存する法や制度外で，その人の生存や発達を保障する実践を展開する必要があります。ひきこもりソーシャルワーカーは，実践する地域（ここでは障害福祉圏域と考えます）で，ひきこもりの当事者達の生存・発達を保障する多様な取り組みが可能と

なる人や組織とのつながりをつくっておく必要があります。

　例えば，高校卒業後に，自宅にひきこもり三年が経過する当事者のことを過度に心配する親からなんとか自立させたいと考え，親と別れて住む住まいを保障しなければならなくなったとき，既存のどの制度でも，一人で住む住居を保障する支援制度はありません。そんな時，ソーシャルワーカーが個人的につながりのある地域の協力者の持ち家を借りることで，そこに住所を設定し，世帯分離を行い生活保護を申請し，独居生活が可能になった事例があります。

　また，仕事をしたいといった要求をもったある当事者は，すぐに一般就労は無理な状況にありました。そこで，地域の障害者生活支援センターと連携し，障害者就労継続Ａ型事業所を運営する事業者が，地域の農業協同組合と連携して行なっている障害者手帳をもたない当事者達を対象としたゆっくりとした就労の場を活用することになりました。その後，農業協同組合の職員とＡ型事業所の職員は，地域の障害者生活支援センターとともに，当事者達のケアについて検討を繰り返しています。その地域では，保護されながら就労する障害者手帳を持たないひきこもり当事者が増えつつあります。

　また，当事者達と家族との関係は，まさに多様です。大学を卒業後に一般企業に就職したものの１年ほどで退職し，それ以降自宅にひきこもっている女性の親からは，毎日のように電話があります。その親は，子どもの一挙手一投足が心配になるようです。その心配から，娘の行動に過度に口を出しますが，攻撃的ではありません。同じように子どもの一挙手一投足が気になる別の親は，子どもに対して攻撃的な言葉を投げかけます。その親は「大学まで行かせたのに，どういうつもりだ」「いったい，何がしたいんだ」と大声で非難し続けます。

　ひきこもりソーシャルワーカーは，こうした多様な課題をもつ親子の関係を調整しなければなりません。そこでは，親が共通してもつ不安や生活上の課題と，個々の親がもつ固有の不安や課題を読み取ることが必要となります。

　KHJ全国ひきこもり家族会連合会の調査において，ひきこもりのある家族が，「ひきこもり状態が始まったころ，世間体等があり，家族で抱え，相談等の方法もみつからず（20才を過ぎていたこと）初期対応がまずく長期化したと思います。当時は本人を何とかしたいと思っていた。行政とつながり，表に出ないひきこもりが多いこともあるので，気楽に相談窓口があると良いし家族会等も働きかけが必要と思います。（長期化してくるとあきらめ感も出てくる。）」[28]と語るように，ひきこもり始めた頃は，ひきこもり状態に対する家族の偏見（セルフスティグマ）から，その状態を家族で抱え込もうとします。それは，その家族の問題ではなく，家族が抱え込まなければならない社会の偏見（スティグマ）が濃く存在することと，適切な相談場所や支援団体がみつからないことから生じている社会

的な課題です。

　また，同調査は，KHJの支部が2018（平成30）年11月から翌年1月に開催した月例会において実施した月例会参加者の調査協力の得られた304名を対象にしたものですが，ここでは，家族回答者の平均年齢は65.9歳であり，最年少が44歳，最年長が86歳であったと報告されています。高齢化した親の深刻な生活実態が，「70代半ば，子供は一人，この先どうなるのか心配です。何とかして欲しい。子供は何でもネットで購入しています。（私のカードで）」「親なき後、引き続き精神的な支えとなって欲しい。本人が生活上困り事があればサポートしてくれる様な窓口があると良い」「行政からの支援がどのようにして得られるか、親の没後、どのような形で子供が生きていけるのか？ 弱肉強食の世でどのようにサポート受けられるのか、それとも親の死後、子も死んでしまうの……何等かの受け皿は作れないのか？」等々と明らかにされています。

　ひきこもりソーシャルワークは，当事者達個々の課題のみではなく，その家族の課題，さらに，彼らが生きる地域や社会の課題を対象とします。対象としての固有性をどこに求めるかが大切です。

4-1-2. 実践者の多様さ

　ひきこもりソーシャルワークは，プロスタッフのみで行う実践ではありません。精神障害など障害分野にも共通することですが，ピア実践者の参加をどう保障するかを計画する必要があります。

　ピア・スタッフは，精神保健福祉の領域で，様々な形で活躍しています。そもそもピア・スタッフは，ピネルが1792年にパリのビセートル精神科病院に職を得て，そこで回復した患者をスタッフとして雇用したことが始まりだと言われています。精神科領域では，アルコール依存症との関係でAAや断酒会，薬物依存症との関係ではDARK等のセルフヘルプグループで，ピア・スタッフが活躍しています。それぞれのグループにおいて当事者（ピア）がお互いに支えあい，自身の課題と向き合っているのです。

　相川章子は，ピアサポートを，インフォーマルなピアサポート，フォーマルなピアサポート，仕事してのサポートに分けて考えています。ひきこもりソーシャルワークで，インフォーマルなピアサポートとは，ひきこもり当事者の居場所で友達になった人同士が，ファミリーレストランで昼食を共にし雑談することなど，自然になんらかの助け合いをすることも入るでしょう。相川は，フォーマルなピアサポートを「意図的に同様の経験のあるもの同士が出会い，支えあう場を設定するもの」と定義しています。これは，ひきこもりソーシャルワークでは，居場所の運営におけるピアサポーターの役割があります。また，仕事としてのピアサポートを「金銭的報酬を得てピアサポートを実践するもの」と定義しています[29]。これは，ひきこもりソーシャルワークでは，ピア・アウトリーチがあります。

ピア（当事者達）は，居場所やSNS、インターネット等において，お互いがひきこもり体験を語り合い，共に影響し合い，意味ある人生を見出していくことを可能にします。それは，どちらかがサポーターで，どちらかがサポートを受けるといった関係ではありません。居場所等では，今，なお，ひきこもっている当事者相互が関係しあい育ちあうとともに，一歩先を歩くひきこもり経験者は自らの経験を語り，現にひきこもる人が自らの人生に見通しを見出すことができるように関係しあっています。

　ひきこもりのアウトリーチにおいては，ピア・スタッフがアドボケーター（権利擁護者）として，実践に関わります。ソーシャルワーカーがひきこもり当事者と関わる際に，なんらかの問題があった場合，彼らに代わり，あるいは彼らとともに行動します。こうしたピア・スタッフが参加するなかでこそ，当事者相互に，当事者とスタッフがともに育ちあうひきこもりソーシャルワークが成立するのです。

　ひきこもりソーシャルワークの現場は，社会福祉士や精神保健福祉士の資格をもった人のみが実践に参加しているのではありません。現に，地域でひきこもりに対応しているソーシャルワーカーの中には，国家資格を持たない方が多くいます。そのなかには，ひきこもりになんらかの関心があり，ひきこもり支援と関わりたいと考える人がいます。長年教員として勤務してきた人が，自分の教え子の何人かがひきこもりになっていることを知り，ひきこもりの現場に参加した人や，自分の子どもがひきこもりとなり，ひきこもり問題に関心をもった人もいます。もちろん，すべての人がひきこもる当事者や家族に対して科学的な見解や価値観を持っているとは言えない現状がありますが，しかし，それは実践のなかで克服可能な課題であり，ひきこもりソーシャルワークの実践者を社会福祉士や精神保健福祉士に限定する必要はありません。

　そこで，ソーシャルワーカーの「専門性」が議論になることがありますが，国家資格は専門性を担保するものではありません。もちろん，誰もがひきこもりソーシャルワーカーになれるとは考えません。ひきこもりソーシャルワーカーには，ひきこもり問題に対する科学的な知見や彼や彼女たちの生存・発達を保障する知見，さらに彼らを生存・発達の主体として捉える価値観が必要です。その価値観は，実践のなかでソーシャルワーカーが相互にソーシャルワーカーと当事者が生産的な相互批判と共同学習を行なうなかで育てることが可能となります。

4-1-3. ゴールの多様さ

　親や家族は，ひきこもる当事者を前に「なんとか働きに行ってほしい」「自立してほしい」という願いを強くもっています。ただ，就労が，即，自立となり得るかは疑問です。たとえ就労が可能となっても，彼や彼女たちがもつ生きづらさが，就労することで解決されるとは考えられません。就労によりひきこもり状態から脱したとしても，彼や彼女たちは，今日の社会において生きづらさを抱えながら生き続けるかもしれません。ひきこもり

ソーシャルワークが最も問わなければならないのは，その実践がいまある社会への「順応」を目指す支援を展開するのか，いまある社会を変革する主体としての参加を可能にする実践の創造を目指すのかです。

　ソーシャルワークは，現存する諸制度を活用しながら，あるいは必要となる諸制度を創り上げながら，それぞれの生きづらさを軽減し，いまある社会に順応するのではなく，意味ある人生を歩むことを保障する実践です。イアン・ファーガスンは「ソーシャルワークは，人間がお互いに家族の構成員として，そして市民として関係を構築する方法についての意味を理解し対応することに関わっており，『自己責任』対『公的責任』という問題や，天国にも地獄にもなる家族の役割の問題にも関わっている」[30]と指摘しています。「自己責任」対「公的責任」の問題や家族の役割に関する問題には，まさにイデオロギーの対立が存在します。ひきこもりソーシャルワークに最も問われるイデオロギー対立は，「今ある集団や社会に順応するか」，それとも，「今ある集団や社会を変革し，その集団や社会に主体的に参加するか」にあるのではないでしょうか。

　順応か参加かは，ソーシャルワークの内実を規定するイデオロギーであると考えます。参加には，もちろん，様々な参加があります。例えば身体障害者で全介助を受けながら車いすで国会活動を行なう議員の登場は，すばらしい参加の姿です。他者に依存しながら社会に参加するひきこもり当事者の姿があってもいいはずです。例えば，和歌山県の社会福祉法人一麦会（麦の郷）が運営する社会的ひきこもり支援「ハートフルハウス創（はじめ）」は，ひきこもりから脱することを目指す実践体ではありません。当事者達と仲良く生きたい，当事者達と共に暮らし，共に成長・発達していきたいという人たちが，そこで活動しています。

　先日，社会福祉法人一麦会が運営する〈創カフェ〉をランチで訪れた時，一人の若者がせっせとストーブの薪を電動ノコギリで切って運んでいました。少し前までの彼は，指示待ちというか，自分が率先して動くようなことはあまりみられませんでした。周囲でみんなの姿を見ていることが多かったのです。スタッフに「あれは指示したの？」と聞きますと，「指示していません。自分がどうしたらこの場が気持ちのよい場になるか考えて行動したんでしょう」という答えが返ってきました。なるほどと思い「ひきこもりながら育つ」ということを確信したのです。彼は自分のしんどさと完全に仲良くなっている状況ではないかもしれませんが，その中で力強く育っているのです。周囲をみながら自分の役割を認識し主体的に動くということは，なかなか難しいことです。

　実践者が「こうなってほしい」という状況と，当事者の「こうなりたい」という状況の間には大きな矛盾が存在します。〈創カフェ〉の集団では，その矛盾や葛藤を楽しむことができているのではないのでしょうか。

「こうなってほしい」という思いを強要するのではなく，「こうなりたい」と願う当事者達の願いを大切にし，それが可能となる状況を創り出す環境（社会）を育てることが，ひきこもりソーシャルワークには求められています。彼や彼女たちには，それぞれが目指している「こうなりたい」という人生の目標がありますが，その目標が見え難い状況におかれているのです。ひきこもりソーシャルワークは，彼や彼女たちと一緒に，それぞれの「こうなりたい」というゴールを見つけていく作業が求められます。

　ある青年は，大学を卒業し商社に就職したのですが，就職してすぐに他者との関係に疲れて辞職し，3年程前から自宅にひきこもっています。彼は，今，絵画に没頭したいと考え，絵を描き溜めています。プロから見れば彼の作品が世に出ることは難しいことかもしれません。しかし，自分の絵が認められないことに不安や焦りを持ち始めている彼に寄り添いながら，彼の絵に感動したソーシャルワーカーは，喫茶店での個展を勧めました。個展の日は，彼にとって2年半ぶりの外出でした。彼は，展示スペースから少し離れた席でオレンジジュースを飲んでいました。来客者の評価を聞くのが怖かったのでしょう。その日，彼の絵を欲しいという人はいませんでした。

　彼は，来客者の感想を読みながら，個展をまた開催したいという思いをソーシャルワーカーに伝えたようです。個展の日，2年半ぶりに外出した彼は，個展を終えソーシャルワーカーが運転する車で帰る途中に「どこか森につれて行ってくれませんか。森の絵を描きたいのです」と，自身の要求を伝えました。彼に個展を提案し，叔母が経営する喫茶店で個展を開催したソーシャルワーカーは，彼の心のなかに，外に出たいという思いを育てたのです。

　ひきこもりソーシャルワークは，彼や彼女たちが目指す多様なゴールを，彼や彼女たちが見つけ，それを実現することを可能にする実践を展開する必要があります。

4-2. 問われなければならない「自立」

　社会保障審議会生活困窮者自立支援及び生活保護部会は，2017（平成29）年11月に「生活困窮者自立支援制度及び生活保護制度の見直しに関する論点整理」[31]のなかで「生活保護の『その他の世帯』となりうるリスクを抱える世帯（いわゆる「8050」の世帯等）を含め，中高年のひきこもりの人や長期的に離職している人などについては，特に留意して必要な相談が行われていく必要がある」ことを指摘し，2019（令和元）年6月に「ひきこもりの状態にある方やその家族から相談があった際の自立相談支援機関における対応について」という厚生労働省社会・援護局地域福祉課長通知を出しています[32]。ひきこもりを社会的孤立の一形態として捉えた生活困窮者自立支援法ですが，この法におけるひきこもり支援は，その目的をどこに求めているでしょうか。

4-2-1. 生活困窮者支援が求める自立

　生活困窮者生活支援法は，「生活困窮者の自立の促進を図ること」（第1条）を目的とするものです。ここで問題となるのが，この「自立の促進」がなにを指すかです。同法第2条において，その自立は「就労の状況，心身の状況，地域社会からの孤立の状況その他の状況に応じて，包括的かつ早期に行われなければならない」としています。ただ，包括的支援については明確でなく，その一つに就労準備事業をおき，それを「直ちに就労が困難な者に原則1年間まで，プログラムにそって一般就労に向けた基礎能力を養いながら就労に向けた支援や就労機会の提供を行うもので，生活困窮者の社会，就労への第一歩となる重要な事業」[33] としています。生活困窮者自立支援法は，自己責任・家族責任を追求し，公助を削減する意図を強くもっています。当事者達は，その事業に応じることができるでしょうか。

　原則1年で，プログラムにそって就労が可能になるでしょうか。それが困難であることは，ひきこもり支援に携わっている人であれば，誰もが認識できることです。ここで問わなければならないのは，ひきこもりの包括的支援とは何かです。彼や彼女たちのなかには，一般企業での勤務に疲れ果て，その働き方に「NO!」を突きつけた人や，企業内の人間関係に疲弊し，ひきこもった人がいることを直視しなければなりません。彼や彼女たちに，「そのようなわがままを言っていたら仕事に就けないよ」と我慢して再び同様の働き方で就労することを受け入れるように強いることは，ひきこもり支援とはほど遠い取り組みです。「相談－就労準備支援－就労」と一直線で捉える支援は，有効とは言えないのではないでしょうか。

　今，当事者達の自立について，なかでも青年期以降の自立について問わなければなりません。自立については，心理学・教育学・社会学などの視点から様々な問いかけがあります。

4-2-2. 当事者達が求める自立

　人は自立していく過程で，幾度となく失敗を繰り返します。その失敗を容認する社会，つまり，社会に参加してきた若者たちが失敗を繰り返すことを認めることができる社会が必要です。しかし，現在の若者たちが参加していく社会（例えば会社）は，そのための余力をもっていません。今，会社で失敗をすれば，それが大きい損害でない場合でも，組織の綻びをもたらすことがあります。このため，常に彼らのことを監視し，管理し，失敗しないようになっています。厳しい監視や管理は，適度に甘やかしたり，失敗を繰り返すなかで育つことを保障しません。彼や彼女たちは，そんな管理的な社会を「なじみ難い」と感じ，社会から離脱しているのではないでしょうか。

　「甘え」あるいは「甘やかし」は，自立の過程で不可欠な行動であり，こころの動きです。社会に移行するまでは家族や学校などで，大人たちに護られ，大人たちもある程度甘やか

しながら育てていたのが，社会に移行すると急激に甘えることができなくなるのです。そのなかで，人に依存することが悪いことであるかのような思いをもってしまいます。

　過去には，依存と自立は対極の概念とされ，依存性の高い者は自立できないといった論がありました。しかし，今日では，青年期における依存と自立は，対極の概念としては捉えられていません。適度な依存ができることは，他者との関係を持つことができることを意味していますから，自立を可能とするためには必要不可欠なことなのです。

　青年期の自立に関する議論は，様々に行なわれてきました。なかでも心理学の分野では，青年期の自立を規定する因子に関する研究が多くなされています。この因子研究をみると，自己が他者と適切な関係性を築くなかで自立した大人になれると考える，他者との関係性を重視する考えが根底にあります[34]。また，この自立因子を文化的背景の違いに求めています。欧米諸国は「自律性，独自性，創造性」が発達課題とし，日本をはじめとする非欧米諸国では「協調性，共通性，相互依存性」を発達課題としてきたという指摘があります[35]。ひきこもり当事者に強要されている自立は，この相互協調的自立観との関係で捉える必要があるのではないでしょうか。

　当事者達のなかには，学校時代に「協調性がない」といった評価を受けてきた人が少なくありません。先述した自室で2年半にわたって自身のこころの中を描いている青年は，商社マンとしての協調性はなかったといえるでしょう。彼は，小中学校を通して，休み時間には机に座ってノートに絵を描いていたため，「友達と遊べない。協調性に欠ける」といつも通知票に書かれていました。人を感動させる絵を描くことができるという彼のもつ創造性は，あまり評価されてこなかったのです。創造性は重視されず協調性が重視される社会があるのではないでしょうか。

　当事者達が求める自立は，彼らの多様な個性が保障されるなかでの自立であり，今ある社会との協調を図りながら，個性を押しつぶすことで達成される自立ではありません。相互依存性は，英語のinterdependecyを直訳したものですが，これは，自己と他者が相互に依存しあうことを意味しています。相互依存性は，協調とは異なります。双方が，なんらかの影響を与え合う関係が，相互依存性です。ただ，当事者達のなかには，依存することも，依存されることも得意でない人がいます。さらに，他者との間で影響を与え合う機会を保障されてこなかった人がいます。彼らが，他者との間で影響しあい，発達し，自立するためには，それを可能にする実践が不可欠となります。

4-3. 評価軸の固有性

　次に，ひきこもりソーシャルワークの評価方法を明確にする必要があります。ソーシャ

ルワークの評価は，根本的には，介入の目標（アセスメント）設定時の介入プランが，どの程度達成されたかで，その介入プランの妥当性が評価されます。その目標が完全に達成されたのか，あるいは達成されていないのか，さらには，達成されていないのであれば，どの程度達成されたのか，達成されなかった要因はどこ（何）にあるのかについて評価を加えるのが従来のソーシャルワークの評価です。

　就労をひきこもり支援の終着点とした今日の支援においては，「訪問―居場所支援―就労準備―就労支援」を支援のラインとして捉えており、支援のなかでは就労の「成功―失敗」が実践を捉える評価軸におかれています。そこでは，就労準備に至った人が，なんらかの要因で，再度ひきこもった場合,「失敗した」と捉えられることがあるでしょう。ただ，それは，失敗でしょうか。再度のひきこもりが，より充実した意味ある人生と出会うために必要な選択であったならば，必ずしも失敗ではありません。

4-3-1. なにを評価するのか

　ひきこもりソーシャルワークでは，なにを評価するのでしょうか。ひきこもりソーシャルワークでは，そのソーシャルワークを通して当事者達と家族がどのような状態からどのような状態に変化しつつあるのか，当事者達と家族の考え（認知）がどのように変わりつつあるのかを評価します。その時，ソーシャルワークは，彼や彼女たちが，自身の人生の課題と取り組むために，どのような準備を行なえたのかを評価する必要があります。後に述べますが，彼らの変化は点ではなく「過程」で捉える必要があります。つまり，その人が，その家族が，どうなりつつあるのかを重視した評価となる必要があります。当事者達の発達過程は，ひきこもっていない人の発達過程と異なるものではありません。しかし，彼や彼女たちにとっては，あまりにも大きな発達課題となっているかもしれません。あるいは，課題と取り組む集団が保障されてこなかったのかもしれません。また，彼や彼女の障害や疾病があまりにも深刻であり，課題と取り組む力を奪われていたかもしれません。

　ソーシャルワーカーの変化に関する評価が二つ目の課題となります。そのソーシャルワークを通して，つまり，当事者達や家族，地域住民と関わるなかで，ソーシャルワーカーがどう育ったのかを評価する必要があります。この評価のためには，個々のソーシャルワーカーの育ちとともに，実践集団の育ちの評価軸が必要です。その評価は，実践技能の育ちはもちろん，実践観がどう変容されたかを問うものとなります。

　ここでは，ひきこもりソーシャルワークの評価は，当然のことながら，当事者達の側からみた評価が必要です。彼や彼女たちの自己実現の力に焦点をあて，ひきこもりに伴い生じている諸問題と向き合う力を，彼や彼女たちがどのように獲得しつつあるのかを評価することが重要になります。そこで展開されているひきこもりソーシャルワークを，誰の立場に立って評価するのかが問われます。

4-3-2. 過程に視点をあてた評価

　ひきこもりソーシャルワークの評価は，結果としての『点』に焦点をあてるのではなく，その人がいかに発達していくのか，いかに社会に参加していくのかという「過程」に焦点をあてるべきでしょう。

　「過程」に焦点をあてた評価は，短期の完了を目指すソーシャルワークがもつ評価軸と同様であってはなりません。もちろん，短期の完了を目指す解決志向型ソーシャルワークで使用する技術を，ソーシャルワーク過程の危機的な局面において活用することはあります。しかし，ひきこもりソーシャルワークは，総体として短期完了を目指すものではなく，長期にわたる実践です。

　しかも，ひきこもりソーシャルワークの評価は，当事者達や家族がいかに自己を解き放つ主体として育ちつつあるのか（育ったかではない）を明らかにするものとなる必要があります。

　二宮厚美は「教育・福祉労働を受ける子どもたち自身がその働きかけを享受する能力を発達させる過程」[36]と発達保障労働を定義していますが、ひきこもりソーシャルワークは，まさに当事者がその享受能力を発達・開花させる過程です。

　当事者達のなかには，社会参加が困難で，ひきこもりのまま数十年を経過する人もいます。その場合，今，長くひきこもっている人や家族を「多問題」や「困難事例」として否定するのではなく，その人がなぜ長くひきこもっているのか，その背景を探り，その人や家族にとって必要な実践や政策がなにかを考えるのが，ひきこもりソーシャルワークの課題です。

4-3-3. ひきこもりソーシャルワークの評価方法

　こうした「過程」を大切にするひきこもりソーシャルワークの評価は，実践者の集団や当事者達を含めた実践集団での徹底した事例検討・評価において可能となります。武藤安子は「事例研究法の一番大きな特色は，一つあるいは少数の事例を，『人』や『もの』と相互にかかわり合う具体的な生活状況と切り離さずに，しかも時間を追って丹念に記述，検討し，得られた見解，生じた結果は，常に状況との関係において多面的，統合的に把握していこうという姿勢」であり，「『普遍性』を定量的に求めていこうとする態度ではなく，『個別性』を徹底的に検討することを通して普遍性を追求するというアプローチにその本質がある」[37]と述べています。日々の実践は，量的変化で評価できるものではありません。日々の実践は，ソーシャルワーカーに様々な課題を提起します。また，日々の実践のなかでソーシャルワーカーは大きく揺らぐことがあります。その揺らぎや学びを，集団で評価する必要があります。実践者（ソーシャルワーカー）の集団や当事者達を含めた集団で，その揺らぎや学びを捉えなおすことで，多様な観察眼からソーシャルワークが当事者達とどう関

わることができたのかを分析することが可能になります。また，異なった観察眼によって，彼や彼女たち，あるはその家族の細かい反応や変化まで捉えられることがあります。

　ソーシャルワーカーのみの集団（実践者集団）や，ソーシャルワーカーと当事者達，さらには家族を含めた実践集団における事例検討には，インシデント方式の検討会を進めることが，実践集団を育てるためにも適しています。

　インシデント方式は，インシデント（実際に起こった出来事）をもとに，参加者が事例提供者に質問することで出来事の背景や原因となる情報を収集し，問題解決の方策を考えていく方法です。事前に特に資料を準備する必要はなく，今問題となっていることを発案者が提起し，参加者が発案者に質問し，そのソーシャルワークがもつ課題について集団で考えていきます。その作業を行なうなかで，参加者が相互に，判断力や問題解決力，職務遂行力を高めていきます。

　インシデント方式は，事例の報告者が事例報告に関する負担感をもたずに進めることができます。図10はあるきょうだいの両親が離婚したことに伴い当事者達の母親への暴言や暴力がひどくなったため，担当するソーシャルワーカーが，当事者達がショックを受けたために攻撃性が強まっていると考え支持的に関わっているが，その攻撃性がおさまらないために，その方法がいいのかどうかを一緒に考えて欲しいと提起があり，その地域で実践するソーシャルワーカーが集団で考えた時の様子を図示したものです。

　参加者は，担当ソーシャルワーカーに確認したい点を確認し，その上で，問題点を絞り込み，支持的に関わっていることが妥当か否かを議論し，今後の方針を議論しました。これは，事例分析の一つの方法に過ぎません。ただ，ここで大切なのは，この事例と直接関

図10　インシデント方式を用いた事例検討の方法

（筆者作成）

わっていないソーシャルワーカーも主体的に事例分析に参加できる方法であることと，その参加を通して実践者集団をつくりあげることができることです。

4-3-4. 実践評価を左右してはならない政策的意図

　評価軸が，福祉削減や自助・共助の重視といった政策的な意図をもったものになれば，実践を歪める評価軸になりかねません。例えば，2006年に始まった地域若者サポートステーション（若者サポステ）は，皮肉にも見えてなかった部分を可視化し，その結果，支援を必要とするあまりにも多様な若者が存在することが社会的に認識されました。しかし，若者サポステは，就労率という評価基準が問われるものでした。この経過を，小山田建太は，「予算措置に関する事業目標と進路決定の定義」の推移を概観し，政府は，2008年度には，「6か月以上，継続的に支援した者のうち，60％以上が就職に結びつく方向で変化し，就職進路決定者の割合が30％以上」としたが，2010年度には，「その就職等進路決定者とは，就職・復学・就学・職業訓練等による進路決定者」とし，2013年度には，各事業所の等級を評価する基準が「就職等進路決定者数」に一本化したと指摘します。また，2015年度以降は，前年度の「就職等進路決定者数」という年度目標を，「就職者数」に限定しています[38]。

　この評価基準は，実践体が緩やかな実践を展開することや，さらには，実践集団の育ちを困難にしてきました。この評価基準では，就職に多くの困難をもつ若者たちは，その支援の対象外となります。その代表的な存在がひきこもりではないでしょうか。なかなか就職に至らない当事者達を支援対象とするならば，事業所の次年度の国からの補助予算が減額されるのです。ですから，若者サポステは，ひきこもりを排除するか，ひきこもり当事者にも就労することを強いることになるのです。

　これは，若者サポステだけの問題ではありません。今日，福祉事業所を襲っているのは，契約がもたらす制限です。福祉の市場化を進めた社会福祉基礎構造改革によって，社会福祉事業者には，経営・管理（マネジメント）努力と「効率化」が強く要請されてきました。それぞれの事業所は，当事者との間で効率的な契約を交わし，社会福祉事業者としてのもうけをいかに追求するかが問われてきたのです。

　さらに，福祉現場の職員の非正規化や業務の外部委託も進められてきました。このなかでもたらされたのは，事業所や法人が経営破綻しないような自己努力です。そのなかで，実践の質よりも，業績量（どれだけの人の相談にのったのか，どれだけの訪問をはじめとする支援を行なったのか）が問われるようになってきました。

第5章

ひきこもりソーシャルワークの方法

　ここでは，ひきこもりソーシャルワークを，その実践過程との関わりで三つの局面にわけ捉え，それぞれの局面で必要となるソーシャルワークの方法について述べます。

　図11は，ひきこもりソーシャルワークの局面を「出会いの局面」「危機介入の局面」「個・家族・地域・社会の制限との対峙の局面」にわけたイメージ図です。これらの局面は，「出会いの局面」⇒「危機介入の局面」⇒「個・家族・地域・社会の制限との対峙の局面」というように，時系列で示すことができるものではありません。危機状態をまったく示さない事例もあれば，危機を頻回に繰り返すものもあります。さらに，ひきこもりの初期に出会う事例や，ひきこもりとなり数年経過してから出会う事例もあります。縦軸で表している「制限⇒解き放ち」は，個々の当事者や家族が，様々な社会的な制限から解放される過程を示しているものです。単に，ひきこもりを「克服」する過程ではありません。

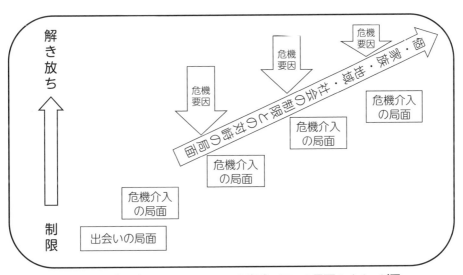

図11　ひきこもりソーシャルワーク実践の三つの局面のイメージ図
（筆者作成）

今，職場に適応できなかった人を対象とした，リワークトレーニングをすることで職場への再適応を求める訓練的（順応的）支援が行なわれています。そのなかでは，認知行動療法を活用し，その人の課題を緩和あるいは解決しようとする取り組みがあります。そのトレーニングは，その組織に「なじむ」ことができない原因を，個々人の要因に求め，個々人がストレスと対応する力や人と関わる力を獲得することを目指します。この取り組みは，至って医療主義的なものであり，主体的な社会参加を目指すソーシャルワークとはなじまないものと考えます。

　ひきこもりソーシャルワークは，今日の競争主義的社会に彼や彼女たちが「なじむ」ことを訓練する取り組みとは，相容れないのではないでしょうか。ひきこもりソーシャルワークに求められるのは，彼や彼女らを仕事に合わせることではなく，彼や彼女に仕事を合わせる取り組みを展開することです。

5-1.　ひきこもり事例との出会い【出会いの局面】

　ひきこもり当事者や家族がソーシャルワーカーと出会い，ソーシャルワーカーがひきこもり当事者や家族と出会う局面です。従来，ソーシャルワークでは，"初回面接"や"インテーク"として表してきましたが，あえて「出会いの局面」と表現します。それは，ひきこもりソーシャルワーカーにとっては，インテークとして実践されますが，当事者や家族にとっては，ソーシャルワーカーとの出会いであり，ソーシャルワークという実践との出会いです。当事者が，その時に出会ったソーシャルワーカーを信頼し，引き続き相談していこうかどうか重要な判断を行なう局面です。

出会いの局面	
局面概要	・引き続く支援のきっかけ ・応急処置的側面 ・「雑用」的側面 ・緊急介入を要する精神的ニーズの評価 ・危機介入の必要性の評価
目的	・安心の保障 ・駆け込みとしての受け止め ・重篤な精神保健上の課題への気づき
方法	・専門機関紹介の判断 ・危機介入の必要性と方法のアセスメント ・継続するソーシャルワークの方法をアセスメント
関係性	・隣人，仲間としての関係

図12　出会いの局面の概要と目的，方法，関係性
（筆者作成）

　地域の民間支援機関がひきこもり事例と出会うとき，そのほとんどが家族からの相談で始まるのではないでしょうか。それは，家族や親族からの相談であっても「私の友達の娘さんなんですが，少しひきこもっていて，知り合いとしてどう関わってあげればいいかと

思いまして」というように，自身の家族ではないが，少し意見を聞きたいと電話相談がある場合もあります。

5-1-1. 出会いの局面の特徴

　ソーシャルワーカーにとっては，生活上の困難と直面する当事者との出会いの局面です。この局面では，何が不安であるか分からないがなんとなく不安になる（捉えどころのない不安、漠とした不安）当事者，対人関係（家族、職場、地域等々）上の課題で困惑する当事者，もともと有している病気の症状が増悪する当事者等々と出会います。

　出会いの局面では，ソーシャルワーカーは，その専門的な見地からの判断を行う必要があります。専門職と職業を区別する特色の一つに専門的判断があります。この専門的判断について，「当事者と実践者は、その新しい状況をいかに探りあうのか。いかに提示し合うのか」「複雑に変化する状況の記述は、専門職のみの見解で行われるのか」「新しい状況への個別の対応判断は実践者のみで行なうのか」という実践的な問いを行う必要があります。
　その実践的な問いを深めるために，H，アンダーソンらの「セラピストの姿勢は協働的（コラボレイティブ）なものとなろう。それは，互恵性をもとに相手とその考え方に対して示すある種の謙虚さであり敬意である。セラピストはその問題システム内に身を置き，クライエントの意味世界を内側から理解しようと努め，結束して取り組む一人の学習者だと言えよう。クライエントの持つアイデア，その語りやストーリーは，私たちセラピストをこれまでとは異なる意味と理解に理解に対して柔軟かつオープンに保っていく役目をはたしている」[39]という指摘が重要な視点を示していると考えます。

　実践者は，この局面で，多くの当事者や家族が語る事実と出会うのです。この語りのなかには，ソーシャルワーカーが今まで体験したことがない事実や，ソーシャルワーカーの価値観では許されないことが含まれているかもしれません。ソーシャルワーカーは，そこに示されている課題の意味を問い，今，その人がその人の人生を歩むことができるために自己に課されている役割はなにかを問います。その過程のなかで，ソーシャルワーカーは，今ある社会のあり方に疑問をもち，今までの実践や制度の在り方を問い，さらには自身がもっている価値観を揺るがす事実と出会います。この局面で，ソーシャルワーカーが，当事者や家族の語りから得るべきものは，次の点ではないでしょうか。

① その人のひきこもりの背景には何があるのか
　まず，その人のひきこもりの背景には何があるのかを知る必要があります。当事者や家族の語りから，
　㋐乳幼児期から思春期にかけてなんらかのトラウマティックな体験があるか。
　㋑思春期から青年期にかけて対人関係上を忌避する要因があったか，その要因（事実）

をどう捉えているか。

⑰親との関係でなんらかの問題が生じているか。その要因がどこにあるのか。

㊤人との関係が苦手であるか。人との関係に不安を持っているか。

㋔学校や会社への恐怖感をもっているか。

㋕精神症状があるか。精神科治療を受けているか否か。

㋖発達障害の診断を受けているか。その可能性があるか。

㋗いま，暴力があるか。

② 今まで，どのような支援を受けてきたか

㋐今まで，どこに相談し，どのような指導を受けてきたか。

㋑その支援を本人はどうかんじているのか。

㋒親や家族は，その支援をどう考えているのか。

　もちろん，これらの項目を，一つひとつ質問していくのではありません。家族や当事者の語りから，これらのことを知ることが求められます。出会いの局面は，実践者・当事者双方の主体がどのように育ちあうかが問われる局面です。窪田暁子は「共感する他者」である専門援助者と出会う時，「自分の言い表しがたい気分に共感を持って接してくれる，安心できる，好感の持てる相手の眼の中に映っている自分と出会うことによって，人は自分自身を新しい眼で見直すことを学ぶ」[40]と述べていますが，これは、実践者・当事者双方にとって言えることでしょう。出会いの局面が、「好感の持てる眼」のなかに自身の姿が映ることで安心でき、自身を見直すことができる双方の関係性を創り上げる局面にならなければなりません。

5-1-2. 相談の受理と出会い

	出会いの局面における作業	とるべき方法
相談受理（電話等）	①相談者の訴えの聴取 ②当事者と相談者の氏名 ③連絡先と連絡方法	来談の確約と早期の来談日設定：そのままにしておかない
初回来談時	①来談の経緯（自主来談か，誰の勧めか，他機関からの紹介か等） ②来談動機・主訴（どんなことでお困りか）今，どんな状況があるか ③抱えている問題はいつから始まった。その契機は ④これまでの対処は，その効果は？（他機関への相談ありか） ⑤問題への相談者の見方（その問題に対してどうしたいかなど） ⑥家族構成，成育歴 ⑦どういう支援を望んでいるか	アセスメント会議の招集 ①精神科治療が必要か ②早急の危機介入が必要か ③継続相談で様子を観察するか ④アウトリーチを実施するか

図13　出会いの局面の作業と方法

（筆者作成）

初めて自家で生じているひきこもりについて相談する人や，それまで相談していた機関に対しての不信がある人など，様々な人がソーシャルワーカーの電話の相手です。多くの場合，自分が電話することで家で起こっていることがバレてしまうのではないか，ひきこもりの子を抱えている者の気持ちが理解してもらえるだろうかといった不安と向き合いながら，勇気をもって電話をかけてくるのです。この段階では，詳細に聴取するよりも，来談を進め，次の援助につながることを配慮し対応することが必要です。

① 電話相談受理時

　ひきこもりについての電話での相談は，少なくありません。電話をかけてきた相談者は，何日も悩み，何回も受話器をとったりおいたりした人かもしれません。それは，自分の課題が理解されるだろうか，自分の家のことがバレてしまうのではないかといった不安とたたかうなかで生じる迷いであり，ほとんどの相談者が体験することです。

　ひきこもりの電話相談を行なうソーシャルワーカーは，この迷いを受け止めることができなければなりません。受話器の向こうは，何年も何十年もひきこもっている家族を抱え，

ふりがな		性別	□男性　　□女性　　□その他		
相談者氏名		生年月日	年　　　月　　　日		
			（　　　　　歳）		
当事者氏名		性別	□男性　　□女性　　□その他		
		生年月日	年　　　月　　　日（　　歳）		
相談者名住所	〒　　　－				
電話	自宅　（　　　　）　　　　－		携帯	（　　　　）　　　　－	
メール	＠				
電話連絡に関して	当事者連絡　可能　不可能，　電話連絡先　相談者，　他（　　　　　　）				
当事者住所					
当事者との連絡方法	携帯電話　　　　－　　　－　　，メール　　　　＠　　　，訪問のみ，連絡不可				

世帯の基本構成

ジェノグラム	
主訴	

図14　電話相談時聞き取りシート

（筆者作成）

不安のなかで生活してきた人かもしれません。ひきこもりの啓発活動が進むなかで,「自分たちも相談していいのだ」という思いでようやく受話器をとった人かもしれません。その時,電話口のソーシャルワーカーが,マニュアルに基づき事務的に用件を聞く人であれば,相談者は「やはりこの人には理解してもらえないのでは」という思いを強めることでしょう。

　もちろん,この段階では,その後の相談を設定するために必要な情報を収集しなければなりません。しかし,ここで留意しなければならないのは,相談者氏名と当事者氏名を聴取したり,今後の面接日時の設定にばかり注意をむけてしまうことです。電話相談受理時に,まず必要なことは,その人が電話相談を行なってきたことへの労いです。「お困りだったのですね。私たちになにができるか考えてまいります。今までのこと,お辛いでしょうが,お話しお聞かせ願えますか」と声をかけ,受容的にその人から必要な情報を聞き出すことが求められます。

　この時,当事者の氏名,年齢,相談者の氏名,年齢,当事者との関係,誰にどのような方法で何時頃に連絡をとるかは,最低限聞き取る必要があります。電話可能な時間を聞きとるのは,架電時になんらかのトラブルが生じ,相談者に心理的な負担を加えることがあるからです。この段階では,その後の継続した相談に結びつけ,電話相談だけで終わらない当事者や相談者との関係を築き上げることが求められます。この段階でマニュアルに基づきジェノグラムを作成しなければと考えるのではなく,ジェノグラムを作成できない場合は,次回の相談時に作成することとし,まずは,相談者が安心して話すことができるように努めます。

　この段階での主訴の聴取は,相談者が何を相談したいのかであり,当事者のニーズを聞き取るものではありません。「本人は,なにを希望していますか」との質問に,相談者からなんらかの回答があった時,ソーシャルワーカーがそれを当事者のニーズと思い込むことがあります。しかし,電話相談時に,相談者が語ることは,あくまでも相談者がそうなって欲しいと思うことであり,当事者のニーズではないことがあります。当事者のニーズを把握し理解する作業は,当事者と出会い,当事者の語りを聴くなかで初めて可能となるものです。

② 初回面談時

　ソーシャルワーカーと家族が最初に出会う場面で,ソーシャルワーカーが,「自分は専門家だ」という構えをもち,相談受理票に沿った定型の受理相談を行なおうとしたら,相談者は相談を続けることができるでしょうか。かなりの覚悟を持って電話をかけ,来所してきた人と,対面での相談がここから始まるのです。そのなかには,一度や二度は,地域の事業所や公的機関の前までやってきて,入ることができないまま帰った人もいるでしょう。

　その人たちが,まず求めているのが「寄り添い」です。家族や当事者のなかには,今ま

受理番号

初回相談日	年　　月　　日	来談者	当事者　，当事者の（　　　　　）
当事者氏名		来談者氏名	

当事者の健康状態/ 日常生活	①精神疾患（統合失調症，気分障害，神経症，パニック障害，社会不安障害，人格上の課題，発達障害，その他） ②身体疾患（アレルギー，循環器疾患，消化器疾患，他の疾患　　　　　　　　　　） ③昼夜逆転　有　無 ④食事　家族と共に　自室で　偏食　あり　なし ⑤入浴 ⑥外出の程度　庭　家の周囲　　　コンビニ等まで

一日の生活スタイル	

行動について	①他者への暴力や家財の破壊等の行為が著しい ②他者への暴力や家財の破壊等の行為が著しくないがある ③自殺企図がある（いつ　　　　どんな方法で　　　　　その手段の準備　今もある　今はない） ④自殺企図はないが，自殺念慮がある ⑤拒食が激しい　　体重　　　kg　　治療歴 ⑥自傷行為を繰り返している（方法，　　　　　部位　　　　　） ⑦その他，行動上に気がかりな点

図15　初回面接時シート

(筆者作成)

で，様々な相談機関や事業所で相談した人もいるでしょう。そこで，自らの今までの人生を否定せざるを得ないような言葉をかけられた人もいます。ひきこもりソーシャルワークの寄り添いは，家族等が語る事実への寄り添いであり，そこで体験してきた苦しさへの寄り添いです。

　その語りには，個々のソーシャルワーカーの価値観からは承服しがたいものがあるかもしれません。しかし，そこで語られる事実は，歴然とした事実なのです。ソーシャルワーカーが，家族や当事者が語る事実を否定したり，その事実から当事者や家族の病理性や異常性を判断することに終始するならば，そこから協同的関係性は生まれません。

　もちろん，「なぜ，ひきこもったのか」「今，どのような苦しさをもっているのか」「その人や家族はなにを求めているのか」を分析しないと，ソーシャルワークは成立しません。その時，語られる内容がソーシャルワーカーの価値観からは許せないものであったとしても，それは，その時点で，その当事者が求めていることであり，そこにある事実なのです。その情報を収集する時には，その事実を正確に聴取することを徹底する必要があります。

　ひきこもりは，それぞれの人生で生じる一つの物語りです。なんらかの社会的要因が個々人の人生に影響し，社会から撤退せざるをえなかったがゆえに生じるのがひきこもりであるならば，そこには，それぞれの物語りが存在します。ひきこもりソーシャルワーク

のアセスメントは，その物語りに焦点をあてて行なうことが求められます。そのためには，それぞれの人とその人生に寄り添ってその人の物語りを聞き取ることが必要です。

5-1-3. 出会いの局面とライフイベントの聴取

　ひきこもりソーシャルワークは，当事者達の人生から，当事者の力強さや可能性（ストレングス）を見出すことを目的として，ライフイベント（人生で生じた事実）の聴取を行ないます。これは，当事者達や家族の「病理」を見出すためではありません。そのためには，当事者達を，彼や彼女たちを囲む集団（家族，学校，地域の子ども会や青年団，職場等）や社会のなかの一人として捉える必要があります。集団や社会は，彼や彼女たちの育ちに肯定的・否定的な影響を与えます。当事者達がその集団や社会に対して働きかければ，彼や彼女たちの育ちに否定的な影響を与えた集団や社会を変えることができます。

　図16のライフイベントは，ある親が相談に来た時に描いた当事者のライフイベント図です。この事例では，中学校の時の不登校や大学生活，居場所での対人関係，アルバイトでの体験をネガティブ・イベントとして捉えていますが，出会いの局面では，あえて，この時のことを詳細に聞き取らず，ポジティブ・イベントとしてあげている居場所への参加や，オルタナティブ・スクールへの参加や居場所への参加，精神科デイケアへの参加に焦点をあてて聞きとりました。親から，その時の本人の様子や，その時に親がどう関わったか，親と子の関係に変化が生じた（焦りや不安が少なくなったなど）ことを聞き取り，当事者の可能性を親とともに見出す作業を行なったのです。

　もちろん，ライフイベントの聴取のみで，この局面が終了するのではありません。次に，その人がひきこもってきた背景に，精神症状や障害，行動上の特徴があるのかないのかを

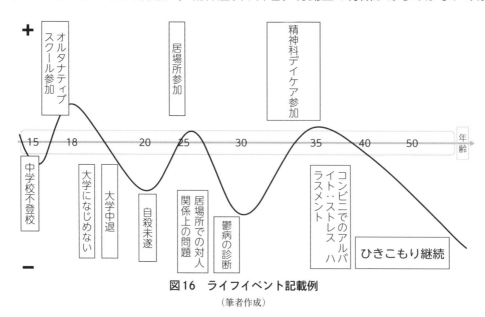

図16　ライフイベント記載例
(筆者作成)

明確にしなければなりません。これは，次節の「出会いの局面における精神症状の聴取」
と次々節の「出会いの局面と行動のチェック」で述べます。これは，医療者ではなく，ソー
シャルワーカーが行なう作業ですから，精神症状や障害，行動上の特徴が，彼らの生活や
人生にどのような影響を及ぼしているのかを検討するために聞き取るものです。

5-1-4. 出会いの局面と精神症状の聴取

　出会いの局面では，当事者と家族の精神状態の確認を行います。ひきこもりが，統合失
調症や双極性感情障害，さらにパーソナリティ障害，発達障害，社交不安障害，強迫性障
害等によって生じてきた状態であるのか否か，さらには，現代の精神状態が，ひきこもり
によって生じてきた症状であるのか否か，あるいは，ひきこもりによって二次的に深刻に
なってきているか否か，さらには，それらの症状や障害が当事者の命や生活，人生にどの
ような影響をもたらしてきたのかを確認します。

　精神症状との出会いは，当事者にとっても家族にたいへん大きいショックをもたらしま
す。なかでも，ひきこもりになる前から症状が始まっていて，"なんとなく元気が出ない
ようだった""イライラすることが多く怒りっぽかった""戸締りなどを何度も確認しない
と気がすまない様子だった""誰かが自分の悪口を言っているということが多くなった"
"なかなか寝付けない様子だった"といった訴えを聞くことがあります。初期の症状では，
あまり深刻にとらえていない人が多いのですが，ひきこもりになり，その初期の症状が実
は苦しさ（生きづらさ）を訴えるものであったことに気づくことが多いのです。

　出会いの局面では，症状ゆえに緊急の介入が必要な状況なのか，アウトリーチや居場所
等を活用したソーシャルワークで対応可能なのかを判断し，その後，地域の様々な機関や
組織が連携した介入を探る必要があります。

　軽い精神症状が長期に続いており，ひきこもりとともに深刻化している状況がなけれ
ば，民間支援機関が継続したアウトリーチや相談，居場所活動を保障することで対応可能
ですが，重篤な精神症状がある場合や，長期のひきこもりにより症状が深刻化している場
合には，精神科医療を保障することが必要となることが多くなります。このため，精神科
医療機関や保健所等との連携したアプローチが必要です。
　地域で働くひきこもりソーシャルワーカーは，生活との関わりで人を捉え，彼らの地域
生活を支える専門家です。ひきこもりソーシャルワーカーが，当事者の様子について医師
連絡を行なう時，その症状がもたらしている生活の変化を的確に伝える必要があります。
当事者達や家族の症状がその人の生活をどう脅かしているのか，今，彼や彼女と家族たち
は，その症状とどう向き合いたいと考えているのかを明確に伝えます。

たとえば，「学校（仕事）に行こうとする時にうっとうしい元気のない感じがしていた」という語りや，「一日中寝ていたり，昼夜が逆転し昼間はほとんど寝ていたり，ゴロゴロしていることが多くなってきた」という語りがある時には，心のエネルギーが枯渇しているのかもしれません。そこに，なんらかの精神疾患がある可能性は否定できません。その意欲喪失や過眠状態の背景にある何があり，彼や彼女をその状態に陥れているのかを確認する作業をソーシャルワークの初期の段階で行ないます。

　もともとなんらかの障害があり，極度のストレスが加わることにより症状が発症していることを確認できれば，まず，その極度のストレス要因を取り除く作業に取り組みます。もちろん，それは，簡単に取り除けるものではありませんが，ひきこもりソーシャルワークは，彼や彼女たちのストレスを少しでも和らげ，精神症状を軽くする取り組みを計画し，精神科薬物療法や心理療法を可能な限り組織するとともに，彼や彼女たちがストレスフルな環境から護られ，主体的に生きることが可能になる条件整備に努めます。

　ひきこもりと精神障害の関係は否定できません。例えば，ひきこもりと関連する精神障害の一つに社交不安障害があります。社交不安障害は，ある特定の状況や人前で何かをする時に，緊張感が高まり不安や恐怖を感じ，次第にそのような場面を避けるようになる疾患です。緊張は誰にでもあり，たいていは経験を積むにつれて自然に振る舞えるようになりますが，社交不安障害の場合は自分でも不合理だと思っているにもかかわらず，それがエスカレートし，日常生活に支障をきたしてしまいます。もちろん，社会からの回避が生じるのですから，ひきこもりにつながることがあります。

　また，不安障害には，全般性不安障害やパニック障害等があります。全般性不安障害は，特定の状況に限定されない，理由の定まらない不安や心配が長時間続く疾患です。決まった状況ではなく，理由もはっきりしない不安感が度を越してしまいます。パニック障害は，思いがけないとき突然，動悸や息切れ，強い不安に襲われます。パニック障害で広場恐怖が最高度に達した時には，外出でできなくなり，ひきこもりとなることがあります。

　ソーシャルワーカーが医療者に伝える，相談者の現在の症状のなかで生じている生活上の困難は，相談者の語りから得るものであり，「診断や治療に役立つ情報」です。この局面で出会うのは，ソーシャルワーカーを駆け込み寺のように認識しやってくるような当事者達や家族のみではありません。心配する祖父母や親類の勧めで重い腰をあげた親や，隣近所からの苦情で出会った家族たちもいます。そうしたなかで，ソーシャルワーカーと出会った当事者達や家族が，その生活の歴史を簡単に語ることはありません。自身の歴史を語る作業のためには，彼や彼女たち，さらに家族に寄り添い，共同事業が可能になる環境を創り出し，そこで精神変調により家族の生活がどのような変化してきたのかを共感しつつ聴く作業を進めます。

　精神変調が家族の生活に影響を及ぼす最たるものは，家族に対する暴力かもしれませ

ん。当事者達が，些細なことで不機嫌になりやすかったり，怒りっぽいためにひやひやしながら生活しなければならないと，少なくない家族が訴えます。当事者達は，ひきこもりゆえに慢性的なストレス状態にあり，そのストレスを向ける先が家族となりがちです。当事者の暴力や暴言によって生じた家族の急激なストレス状態は，閉鎖的な空間である家庭を危機に陥れ，家族総体の精神状態を悪化させます。

そうした状態に出会った時，ひきこもりソーシャルワーカーは，家族の精神状態も確認する必要があります。家族が極度の不安状態や抑うつ状態にあり，当事者との適切な距離を保てなくなっている場合には，家族の精神科治療を，今後のソーシャルワーク課題とすることが求められます。自分たちは，当事者達を対象とするソーシャルワーカーだから家族は関係ないとは言っておられないのです。家族に精神変調がある時には，その状態を軽減することを通して，当事者達のストレスを軽減することにつながることがあります。

①症状が始まったのはいつごろからか
　　それは，今の状態（ひきこもり）になる前からか
　　　　　　　　今の状態（ひきこもり）になってからか
②どのような症状が最初にみられましたか
　　おもいつく症状を教えて下さい
　　ア）不眠
　　イ）物音や光に敏感になった
　　ウ）焦りが激しくなった
　　エ）強い不安があった
　　オ）緊張感が目立った
　　カ）なにか一人で話していることが多くなった
　　キ）誰かが自分の悪口をいっていると言ったり，誰かにつけられていると奇妙なことを言っていた
　　ク）気分が沈んだり，高まったりした
　　ケ）こだわりが激しかった
　　コ）落ち着きがなかった
　　サ）コミュニケーションが困難だった
　　シ）人が多い場に出ると恐怖感をもつようになった
　　ス）人との関係を避けるようになった
③気になる症状は，どのように経過してきましたか
　　　　だんだん悪くなってきた
　　　　そんなに変わらない
　　　　極端に悪くなってきた
　　　　その他

図17　出会いの局面における精神症状のチェック項目例

（筆者作成）

出会いの局面では，その精神症状が始まった時期，症状の概要，その症状の経過を確認する必要があります。

5-1-5. 出会いの局面と行動のチェック

出会いの局面では，本人の行動の特徴を確認します。その目的の一つは，危機介入の必要性を判断するためです。もう一つは，ソーシャルワーカーが当事者達を理解し，継続したソーシャルワークを可能にするためです。ここでは，出会いの局面において，行動上の

課題が生じた時の危機介入について述べます。

　この局面は，今，直面する危機が，多機関を招集し，介入する必要があるかどうかを判断するための情報収集を行ないます（図18参照）。その際に，当事者達や家族になんらかの命や生活を危機に陥れる出来事が生じているのか否か，その出来事により家族の生活状態に不均衡が生じているのかどうかを判断し，家族の「均衡回復へのニーズ」を確認します。そこで得た情報は，多機関に連携した実践を呼びかけるために必要な情報となります。
　まず，今，直面している危機が，当事者達が親や家族に対し暴力をふるっているがゆえに生じている家族の危機であるのか，彼や彼女の強い自殺念慮や自殺企図との関わりから生じている彼や彼女自身の生命の危機であるのかにより，その危機への介入機関や人，方法が異なります。
　家庭内暴力がそこに生じており，家族の平生の力でその状態を乗り越えることが困難と判断した時，多くはソーシャルワーカーの介入と当事者達への寄り添いで解決可能となるものの，時には警察の力を借りながら介入する必要も生じます。家庭内暴力が生じている時には，少しの時間も許されない時があります（その判断に関しては，後述します）。一方，自殺未遂に関しては，直ぐに医療的介入が必要となるものから，強い自殺念慮がありソーシャルワーカーの継続的支援を必要とするものまで，そのニーズは多岐にわたります（この判断に関しても後述します）。

　出会いの局面で必要なことは，平生，家族が彼や彼女たちに対して，どのような対応力を持っているのかを判断することです。同様の事態と直面した時に，「①以前は，どう対応してきたのか，②それが今回不可能か，③不可能であるとすればなぜか」から，家族の

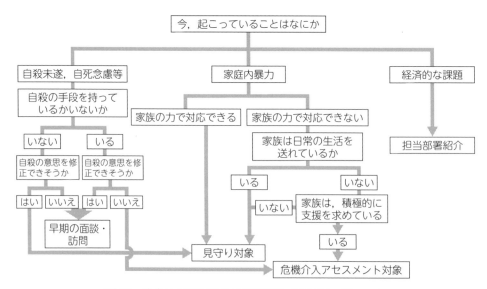

図18　出会いの局面における実践見立てフローチャート
（筆者作成）

平生の力で事態を乗り越えることができるか否かの判断が可能になります。その家族が平生の力で乗り越えることができると判断した時には，見守り対象となります。

　次に，この局面で必要なことは，当事者達や家族が，今，起こっていることにどのような認識をもっているかどうかを確認することです。家庭内暴力の場合には，「そのようなことが起こったのは今回が初めてですか？」「以前は，どのように対応されてきましたか？」「今回，その対応でおさまりそうでしょうか」といった質問が効果的です。

　この質問に対して，「今までにも何回もあり，それをなんとか乗り越えてきたが，どうしても我慢できなくなった」と答える人がいました。その時は，その「どうしても我慢できなくなった」要因を初期面接で聴き取ります。「おばあちゃんに怪我をさせたからだ」と答える人もいますし，「バレエの公演が近い姉の部屋のドア付近に押しピンをたくさん置いたからだ」と答えた人もいました。さらに，そうした行為の少し前からの様子を聞きますと，外に出て他者と関わることができないことを否定的に見られ，自身のことを攻撃したり否定するような発言を家族から受けたことや，将来を急がされたことなどが明らかになりました。もちろん，面接のなかで，家族が，自分たちの否定的な行動や認識を訂正し，危機を乗り越えられたこともあります。

　家族の平生の力で乗り越えることは困難でも，なんとか家族が日常生活を維持できていることが確認された時には，侵襲的な介入を行なわずに見守り対象とします。ただ，家庭内暴力がある場合には，家族の日常生活が破綻する可能性が強いことから，見守りつつも，なんらかの予兆があった時には，すぐに危機介入することができるように，地域の関係機関と事例の共有を図る必要があります。

　既に，家族の平生の力で乗り越えることが困難になっており，日常の生活にも混乱が生じている場合には，その家族が積極的な支援を求めているか否かの判断を行います。その家族が積極的な支援を求めていない時にも，濃厚な見守り支援を行ないつつ，少し様子をみます。積極的な支援を求めている時には緊急の危機介入を行なうためのアセスメントを実施します。

　ひきこもりソーシャルワーカーは，「どうしても自分たちではなんともならない」とか「子どもが死のうとしている」といった危機を訴える来談者と出会ったり，電話相談を受けます。その時に，今，自分の目の前にいる人は，現在の状態を克服する可能性（力）はあるが，それを見失っている人であることを認識する必要があります。この局面で，そこに危機状態があるからと，即介入を判断するソーシャルワーカーはいないと思います。この局面での相談者への寄り添いが，家族が平生の力を呼び覚ましたり，自分たちの力や可能性に気づくミラクル[41]を呼び起こすのです。

　もちろん，この局面でのソーシャルワークは，目の前にある事態に適切に対応するには，どの機関に危機介入における連携を呼びかければよいかを判断しつつ進めることが必要で

す。家族が平生の力で現在の事態を乗り越えることができないと判断し，危機介入アセスメントが必要と考えた場合には，その情報をもって他機関との連携による危機介入アセスメントを開始します。

5-1-6. 出会いの局面と当事者および家族へのアセスメント提示と検討

　出会いの局面では，そこで収集した情報を基に，ソーシャルワーカーが所属する機関や組織さらには地域の関係機関を招集したアセスメント会議を開催します。

　最初のアセスメント会議は，インテーク受理と初回相談を終了した後で開催します。その時，「インテーク面談シート」（図19-1）と「初回相談シート」（図19-2）を作成し，それを基に実践者集団による集団アセスメントを行ないます。アセスメントは，担当する実践者が一人で行なうものではなく，そのソーシャルワーカーが所属する実践体で集団として行なうものです。それは，いかに熟練したソーシャルワーカーであっても，判断の間違いが起こることがあることと，複数の目（知識）で事実を判断する必要があるからです。

　さらに，ここで行なったアセスメントを，当事者（当事者の参加が無理であれば家族）とともに検討するアセスメント検討会議に向けて，資料を作成する必要があります。このアセスメント検討会議は，ソーシャルワークに協同的な関係性を根づかせる上で不可欠です。

　アセスメント会議では，当面のソーシャルワークの四本の柱，「精神科治療が必要か」「早期の危機介入が必要か」「継続相談で様子を観察するか」「アウトリーチを行なうか」を検討します。これは，あくまでの専門家たちのアセスメントであり，それを当事者や家族に提示し，再検討する必要があります。その開示と再検討の場が，アセスメント検討会議です。この段階で当事者達がソーシャルワーカーの前に登場していることはほとんどありません。どれだけ強いニーズをもっていたとしても，ソーシャルワーカーの前に登場することができないのが当事者達です。そのため，家族や家族以外の相談者（例えば，親類や知人）に対しての提示となります。

　アセスメント検討会議では，家族や相談者に対して，「家族や相談者から当事者にその計画を話すことができるかどうか」を確認します。その段階で，当事者に計画を話し，当事者がそのソーシャルワークを拒否する場合は，当事者達や家族の命にかかわる危機状態が生じていなければ，その思い（ニーズ）を無視して介入すべきではありません。そこにあるのは，「まだ関わらないでほしい」という切実なニーズであるかもしれないのです。また，家族や当事者達がそのアセスメントによるソーシャルワークを納得できない時には，時間をかけて納得できる方法を検討する必要があります。

　多様な家族や当事者達と出会うなかで，その人たちの素晴らしさを発見できず，問題ばかり目につくことがあります。そこに焦りが生じ，ソーシャルワーカーが，アセスメント会議やアセスメント検討会議を軽視し，即介入を図るならば，それは，ソーシャルワーカー

の独りよがりの独断的な介入であり，ソーシャルワークが権力として機能することになります。

インテーク面談シート（電話 ， 来談）　受理日 年 月 日 受理番号				
ふりがな		生年月日		性別 男・女・他
氏名		住所		
相談者氏名		関係	親（　）きょうだい（　　） 他（　　　　）	
相談者住所		電話		
		メール		
電話連絡禁忌事項	当事者が電話に出る可能性　有　無 ，当事者との会話　可　不可， 電話連絡可能時間（　　時 ～ 　時）その他注意事項			
主訴				
ジェノグラム				
当事者の援助希求	当事者には相談を話していない，当事者に相談を話したが拒否している， 当事者に相談を話して了解をとっているが援助を受けることに積極的でない， 他（　　　　　　　　　　　　　　　　　　　　　　　　　　　　　　）			
相談者の援助希求				

図19-1　インテーク面談シートA

(筆者作成)

初回相談記録							
相談日	年	月	日	担当者		受理番号	
当事者氏名			来談者氏名			関係	

当事者の健康状態	①精神疾患　治療中（統合失調症，気分障害，神経症，人格障害，発達障害，他） 未治療　相談者が感じる症状（　　　　　　　　　　　　　　　　　　　　　　） ②身体疾患　循環器疾患（　　　　　　　　　）消化器疾患（　　　　　　　　） 泌尿器疾患（　　　　　　　　　）脳神経疾患（　　　　　　　　　） 皮膚科疾患（　　　　　　　　）その他（　　　　　　　　　　　）

一日の生活スタイル	0　　　　　　　　　　　　　　　　　12	
	食事	親と一緒にダイニングで摂る　　自室で親が作った食事を摂る 自室で自分がつくった食事を摂る（　　　　　　　　　　　　　　　　　　） その他
	入浴	毎日　　　　定期的　　　　不定期　　　　ほとんどなし

行動について	①他者への暴力や家財の破壊等の行為が著しい ②他社への暴力や家財の破壊等の行為が著しくないがある ③自殺企図がある，あった　　いつ（　　　　　　　　　）方法（　　　　　　　） ④自殺念慮がある　　実際に本人が言っている言葉や行為 ⑤拒食が著しい　　体重（　　kg）　治療暦（　　　　　クリニック，病院） ⑥自傷行為が著しい ⑦その他

過去の援助とその効果	

ライフイベント	✚ 年齢 ━

☆一日の生活は，平日どのように生活しているかを知るものです。時間軸は平均的にどのような生活か記録して下さい。
☆過去の援助とその効果は，どこで，どのような支援を受け，本人がどう変わったのか，あるいは変わらなかったのかを記録して下さい。
☆ライフイベントは，「5-1-3. 出会いの局面におけるライフイベントの聴取」を参照にして下さい。

図19-2　インテーク面談シートB（初回相談記録）

（筆者作成）

	アセスメント項目	アセスメント
継続支援	当事者の素晴らしさ（ポジティブ・ライフイベントとの関係で）	最近，三食ともに家族と食事を摂り，雑談ができるようになってきた。詩作が好きであり，毎日のように作った詩を両親に見せる。
	家族の素晴らしさ（ポジティブ・ライフイベントとの関係で）	父親が，夕刻に本人と植木への水やりやバラの手入れを一緒に行なっている。
	居住地域資源のストレングス	保健所の職員がいつでも訪問可能とのことである。また，地域生活支援センターのPSWも訪問可能とのことである。
精神科受診支援	現在の顕著や精神症状／基礎疾患／障害	他人から常に評価されているとの思いを持っている。精神症状は顕著でない
危機介入	危機介入の賛否と方法	現在は，危機的な状況をもっていない。危機介入は必要でない
アウトリーチ	プロスタッフのアウトリーチ ピアスタッフのアウトリーチ プロ・ピア双方のアウトリーチ 行政によるアウトリーチ	まだアウトリーチは介入的であり少し様子をみる必要がある。
当面する継続支援	継続支援　当面は両親の継続面談：個別支援 ひきこもって4年が経過している。当初は，食事もひとりで行なっていたが，最近は両親と食事を行なうようになっている。両親は，ひきこもり期間が長くなり，年齢も34歳であるために将来を心配しているが，今は，自宅で両親と関わる時間を増やすことを当面の目標とする。当面，両親との面談を繰り返し，本人の了解が取れれば，詩作が好きなピアスタッフと共に行なうアウトリーチの実施が適当と考える。なお，その時期の判断は，両親との面談を繰り返しながら行なう。	
	当事者の素晴らしさ（ポジティブ・ライフイベントとの関係で）	当事者の素晴らしさ（ポジティブ・ライフイベントとの関係で）　半年程前までは，自室からまったく出なかったが，夜間，人気のない時であるが，自宅の裏庭に出て竹刀の素振りをする日がある。
	家族の素晴らしさ（ポジティブ・ライフイベントとの関係で）	大学卒業間際から6年にわたるひきこもり期間，本人の少しの変化を肯定的に評価し褒める。
	居住地域資源のストレングス	精神科クリニックでひきこもり外来を行なっているところがあり、親は，そこで相談している。
精神科受診支援	現在の顕著や精神症状／基礎疾患／障害	時々，大声で「死ね！」とか「くそったれ！」とか言っていることはあるが，幻聴があるのかどうか不明
危機介入	危機介入の賛否と方法	現在は，危機的な状況をもっていないため，危機介入は必要でない
アウトリーチ	プロスタッフのアウトリーチ ピアスタッフのアウトリーチ プロ・ピア双方のアウトリーチ 行政によるアウトリーチ	本人が落ち着いていることから，地域の精神科クリニックのひきこもりデイケアへの参加を目指してピアスタッフのアウトリーチを実施してはどうか
今後の支援	少しずつだが，自室から外にでようとする意欲が生じてきている。大学を卒業する前に，就職活動を活発に行なったが，対人関係上の課題からか，最終面談を通過することができなかった。本人は，それ以降，自宅にひきこもるようになった。その様子をみた父親が本人を釣りに誘ったり，ハイキングに誘ったりした。当初は，いやいやでもついてきたが，1年ほど経過した頃には，まったくどこにも出なくなった。最近，夜中に素振りをしている姿をみて，「死ね！」と言っているので怖かったが，父親が「気持ちいいだろう」と声掛けを行っている。そろそろ，計画的に外に出す計画を立てても親の協力はある。	

図20　アセスメント検討会議提出資料

（筆者作成）

図20は、アセスメント検討会議に提出し，それをもとに家族や当事者を含めたアセスメントの検討を行なったある事例の資料です。

5-1-7. 当事者や家族参加のアセスメント検討会議の意味

　アセスメント検討会議で大切にしなければならないことは，第一に，ソーシャルワークは，ソーシャルワーカーの自己満足のために実施されるものでないという認識をそこに参加するソーシャルワーカーが共通して持つことです。ひきこもりソーシャルワークは，当事者や家族とともに，ひきこもりと向きあい，より充実した人生を追求するとともに，社会の変革を目指し実践されるものです。そのとき，彼や彼女たちは，そこで提示されたソーシャルワークの内実に"NO!"と，自身の意思を明確に告げる権利をもっています。当事者自身が参加できない時には，家族や相談者が，そのソーシャルワークが息子や娘，あるいはきょうだいの権利を十分に護りうることができないものと判断した時には，提示された支援計画に"NO!"を明確に伝えることになります。提示された内容の変更を求める場として，アセスメント検討会議があります。

　このアセスメント検討会議に，ひきこもりを経験し，過去にひきこもりソーシャルワークの対象であった当事者達が，ピア・アドヴォケーター（当事者相互の権利擁護者）として参加する体制を創っていくことにより，地域のソーシャルワーク力が向上します。ひきこもりソーシャルワーカーは，この課題を実現する準備を各地域で計画的に進める必要があります。

　アセスメント検討会議を開催する上での大きな課題は，当事者参加が非常に困難であることです。当初から，当事者が参加できるのであれば，それは，現在の状況をなんとか解決したいという強い意志が当事者にあることを示しています。しかし，多くの事例でそうした状況にないところにひきこもりソーシャルワークの当事者参加の困難さがあり，ソーシャルワーカーの横暴性や権力性が生じることがあるのです。

　児島亜希子は，反抑圧ソーシャルワーク実践（anti-oppressive social work practice（以下"AOP"）の理論的枠組みを次のように整理しています[42]。

　　①利用者の生活困難＝抑圧状態の発現は、社会構造すなわち不均衡な力関係の布置状況に淵源がある。
　　②したがって抑圧からの解放＝社会正義の実現に向けては、利用者に対する個別支援だけでは不十分であり、サービス供給の現状の改善に働きかけ、社会変革を進めることが不可欠である。
　　③その際、ソーシャルワーカーのみならず、当事者／利用者とともに社会に働きかけることが肝要である。なおエンパワメントには審級があり、その最終的なゴールは

利用者とともに社会変革をすることにおかれる。

④利用者の個別支援にあたっては、生きられた経験の多様性を顧慮するとともに、抑圧状態を作り出すパワーの不均衡を形成する諸要因（人種、ジェンダー、階級、能力、年齢等）が利用者にどのような影響を与えているのかを見定めねばならない。

⑤その際、不均衡な力関係の是正という観点から、支援者であるソーシャルワーカーは自らが抑圧を作り出すことに荷担していないか、省察を行う必要がある。

⑥不均衡な力関係の是正という観点から、利用者への介入は最小限度にとどめる。

AOPとは、児島によれば、「生活問題の淵源を社会構造に求める実践の代表」であるフェミニスト・アプローチとラディカルソーシャルワークを基に発展した理論であり、「利用者の差異と多様性を重視しつつ抑圧構造の変革を指向すること、すなわちミクロレベルとマクロレベル双方を視野に収めて問題解決に取り組む」実践です。さらに、この理論に基づく実践は、実践家が権力と抑圧について思考することを勧める包括的なアプローチに発展し、さらには、専門職養成教育やソーシャルワーク実践の要となる理論であると述べています。

AOPに基づく実践を展開していく上で不可欠な批判的省察について「ソーシャルワーカーには自分自身が抑圧を再現していないかどうかを振り返ることが要請される」と、児島は強調しています。ひきこもりソーシャルワークの過程において、ソーシャルワーカーは、その実践の基になっている自分自身の価値観により抑圧が再現されていないかどうかを、常に振り返らなければなりません。

なかでも、批判的省察を通し個別支援の民主化にどう取り組むかという課題は、AOPの実践を行う上で常に問われなければならないことです。どのソーシャルワーカーも、自身の発達過程で、少なくない"生きづらさ"を体験してきたことがあるのではないでしょうか。ところが、なんらかの資格をもって、あるいは資格を持たなくともソーシャルワーカーとして実践に参画するようになると、過去に体験した"生きづらさ"から専門職の自己を切り離そうと一生懸命になることがあります。それが専門的自己の確立だと考え、ソーシャルワーカーとしての自分を築こうと"自己覚知"に懸命になるのです。そうした実践は、当事者の生活とソーシャルワーカーの生活が交差しないところで行なわれます。

ピアとソーシャルワーカーの生活を交差させる批判的省察を進める機会がアセスメント検討会議です。ピア・アドヴォケーターは、日本ではまだ各地で育っているとは言えない現状から、他のマイノリティの当事者、例えば精神障害の当事者達のなかで育ちつつあるピア・アドヴォケーターが、ひきこもりソーシャルワークにピア・アドヴォケーターの役割をもって参加する仕組みを組織することも必要でしょう。この仕組みは、まさに「ソーシャルワーカーは自らが抑圧を作り出すことに荷担していないか」を確認するものです。

この仕組みについて，守秘義務を取り上げて異議を唱える人もいるでしょう。ピア・アドヴォケーターの参加は，ソーシャルワークの一環としてなされることですから，参加する人すべてが守秘義務に関する確固とした認識を持つ必要があるのは言うまでもありませんし，その職務には守秘義務が課されることを明確にすべきです。また，専門性との関係で異議を唱える人もいるかもしれません。しかし，「支援－被支援」関係に潜む不均衡な力関係を克服することは，ソーシャルワーカーの専門性をより高めることにつながります。

　ソーシャルワーカーの専門性は，当事者のニーズを組織し，当事者と社会の間で葛藤しながら，そのニーズを実現するために必要となる支援の方法・制度の使い手となり，必要な制度・法を新たに創り出す運動の担い手となるなかでこそ高められるのです。この力と運動を育てるのが，当事者参加のアセスメント検討会議です。

　第二に，ひきこもりソーシャルワークにおいては，個を対象とした心理実践や精神科医療も重要な役割を持ち，否定することはできません。ただ，心理実践や精神科医療のひきこもりへの介在は，「病者を健康からの逸脱者として、健康という規範に患者自らが従うことを要求する」[43] 医療権力として介在することがあることに注意が必要です。心理実践や精神科医療には，「異常」と「正常」を判断する基準があります。それは，適応的基準，価値的基準，統計的基準，病理的基準と言われるものです。これらは，その人が所属する社会や集団に適応しているかどうかを判断する基準であり，主観的であったり，社会がつくり出した基準，統計的に求められた基準です。実践者が，その基準を用いて当事者と関わることにより，多様性の否定が起こっても不思議ではありません。

　こうした多様性を否定する価値観を，心理や精神科医療にある「治る」あるいは「治す」といった実践観のなかにみることがあります。ひきこもりは，「治す」ものではありません。多様な生き方が保障され，当事者や多様な人生を送ることができるように支援するのが，ひきこもりソーシャルワークです。ひきこもりから脱し，なんらかの形で社会に参加したとしても，“生きづらさ”をもちながら社会生活を送っている人がいます。そうした人を含め，「治す」「治る」といった実践観に捉われることなく，多様な人生を保障する実践には，ソーシャルワーカーや他の実践者が相互に批判しあい，創造的な実践を展開する力が必要です。私は，それを，協同的関係性として捉えてきました。この関係性は，実践を支配的な価値観から解放するものです。

　アセスメント検討会議は，参加しているあらゆる職種と当事者や家族が同等に話し合い，新たな実践を創造する必要があります。そこには，「医師の指示を受ける」「医師の指導を受ける」といった医師と看護職や精神保健福祉士の間にある権力的な関係性[44] は存在しません。すべての専門職や当事者・家族が，その考えや実践を批判し，検討し合うことができるのが協同的関係性であり，その関係性が担保されるのがアセスメント検討会議です。

もちろん，心理実践や精神科医療のみが，今ある社会の規範や価値観に従わせようとするのではありません。良心的な実践者だと社会的に評価されている人のなかにも，当事者達を「かわいそうだから助けてあげる」という価値観の下で実践に関わったり，その親を「子育てに力をなくした人だから，私の指示通りにしなさい」「私の言うことを聞いていれば間違いないから」といった関わり方をしている人もいます。ここには私に従えという権力性がみられ，協同的関係性が育ちません。

こうした良心的な実践者のなかには，自らの考えや実践を批判されることを嫌い，実践者集団でひきこもりソーシャルワークを考えることが苦手な人がいます。他者から批判されることを怖れるソーシャルワーカーや実践者は，自らの支援に自己満足しているのかもしれません。しかし，ソーシャルワーカーは高い専門性を育てるためにも，権力的に関わろうとする人たちの支援を克服する場として，協同的関係性が育ったアセスメント検討会議を活用し，権力性と抗い，それを克服することが求められます。

5-2. 危機状態とソーシャルワーク【危機介入の局面】

次に，危機介入の局面についてです。もちろん，出会いの局面が終わったから次に危機介入の局面へといった時系列のものではありません。この局面は，出会いの局面においても生じます。さらに，当事者や家族・きょうだいが，個・家族を制限している課題と向き合っている局面においても生じます。

危機介入の局面	
局面概要	• 命の危険（自傷，自殺未遂，自殺企図，拒食，偏食，依存等々）との対応 • 暮らしの危機（親への暴力，家財の破壊，親の追い出し，浪費等々）との対応 • 家族機能の危機との対応 • コミュニティの危機（災害との関わりを含めて）との対応
目的	• 危機のなかに，次への方向を見出す • 危機回避スキルの習得 • 可能な限り社会サポートとの接点をつくる • 危険を避けることができない時，適切な回避手段をとる
方法	• 危機要因アセスメント • 危機をもたらす出来事から遠ざける • 情緒安定を保障しつつ，自身の力による課題解決を目指す • サポートシステムの強化
関係性	• プロスタッフとしての権力性 • 次の方向を見出す寄り添い

図21　危機介入の局面の概要と目的，方法，関係性
（筆者作成）

ひきこもり当事者のなかには，ひきこもることにより均衡状態を保っている人もいます。ただ，ひきこもっている当事者を様々なストレスが襲い，なんとか均衡状態を保っていた彼や彼女の，さらに家族の生活が不均衡になり，極度の不安や焦りに襲われることがあり

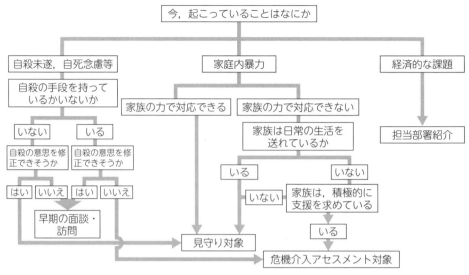

図22　危機介入の局面における実践見立てフローチャート

(図18再掲)

ます。ストレッサー（ストレス要因）が家族内にある時には，家族に対する暴力が生じることもあります。また，日常の生活ではなんとか均衡を保っていても，家族や親類を通して伝わってくる情報がストレッサーとなり，彼や彼女の焦燥感を強め，暴力が生じたり自殺念慮を高めることがあります。

　ひきこもりソーシャルワーカーが危機介入を判断する時には，慎重さが必要となります。まず，そこで生じていることがなにかを見極める必要があります。平生の生活を脅かされ，相談者が極度に不安になったり混乱していることがあります。その際，相談者の訴えは混とんとし，ソーシャルワーカーも，その状態に巻き込まれ正確な情報収集が困難になることがあります。そこで，図22のように，今，生じていることは，「自殺企図や念慮であるのか」「暴力であるのか」「経済的な危機であるのか」を聞きとり，それぞれへの対応が，当事者や家族に寄り添い見守ることで解決できるのか，早期の面談や訪問を実施し危機状態をより正確に把握すべきか，それとも，直ぐに危機介入アセスメントを行ない介入すべきか否かを判断しなければなりません。

5-2-1. 危機介入アセスメントのポイント

　ここでは，ひきこもりソーシャルワーク事例の危機を，「当事者自身の平生の力で安心してひきこもりつつ育つことを困難にする生活の不均衡状態」と定義し，その方法を考えます。ソーシャルワーカーは，当事者が安心しひきこもりつつ育つ上で，①どのような不均衡状態が生じているのか，②当事者達や親，きょうだいを襲った侵入的なできごとを，それぞれの当事者はどう認識しているのか，③今，その危機状態を克服すための適切な社会的支持があるのかなどを早急にアセスメントし，心理職やその他の専門職と共に，当事

	状　　態	行　　動	支　援　内　容
危機介入初期	• 不安の増強 • 日常生活が困難になる • 自他へのなんらかの攻撃が生じる	• 家財道具の破壊行為 • 「死にたい」を繰り返す • 不眠，拒食等が激しくなる	• 見守り • 危機要因をさぐる • 必要なサポートシステムを探る • 危機アセスメントチーム結成 • 緊急アセスメント
危機介入中期	• 日々の生活の混乱が激しくなる • 自殺念慮が激しくなる • 自殺企図があり，膠着化したかにみえる	• 不眠，拒食等が著しくなる • 家財道具の破壊行為が激しくなる • 家族への暴力が激しくなる • 自殺の準備をする	• 緊急アセスメントに基づく危機介入
危機介入後期	• 日常生活の力が生じ始める • 自他の破壊行為について家族で話題にすることが可能になる • 家族もしくは本人が支援者を迎え入れることが可能になる	• 支援者への信頼が生じる	• 危機介入再アセスメント • 支援システムの構築

図23　危機介入の局面における実践見立てフローチャート

(筆者作成)

者がその危機状態に対応できる力を獲得する支援やそれを可能とする地域支援システムを構築しなければなりません。

　ひきこもりソーシャルワークにおける危機介入は，介入の段階で分けて考えることができます。危機介入は，終結のない支援ではありません。必ずなんらかの形で終結を目指すものです。もちろん，それは，危機介入初期⇒危機介入中期⇒危機介入後期⇒終結期と，単調に進む場合だけではありません。なかには，危機介入初期で終結を迎える事例もあります。また，終結を迎えても，再度，深刻な危機状態に陥るものもあります。図23に危機介入期の状態や行動と支援内容を示しました。

　では，ひきこもりソーシャルワークにおける危機介入アセスメントとアプローチはどのように実践すれば良いのでしょうか。

　危機介入アセスメントは，危機要因を明らかにすることと，当事者家族の命を護るための緊急の一時的対応について，インフォーマル・フォーマル双方のサポートシステムの状況に関する点検を行なう必要があります。

　まず，危機要因のアセスメントは，今，生じている危機について，誰がどの危機の中心にいるのか（Who），その危機状態はいつから招かれているのか（When），その危機はどこで生じているのか（Where），なにが生じているのか（What），なぜその危機は生じたのか（Why），その危機に対して家族はどのように対処してきたのか，いつもは，どのように対処しているのか（How）を分析します。

　図24に危機介入のアセスメントのポイントを示しました。まず，その危機はいつから

(side) 5　ひきこもりソーシャルワークの方法

危機介入開始時のポイント	
危機要因のアセスメント	• 今，生じた危機状態をアセスメント（いつ，どこで，だれが，なにを，どのように） • 危機の少し前から家族，当事者はどのように変化したのか • 本人や家族はその危機をどう認識しているか（例えば，その危機の責任を親に求めている，当事者に求めている等） • 危機からどのような行動が生じているか（ネガティブとポジティブ） • 当事者や家族の力はどう損なわれたか • 当事者や家族にどのような力が生じてきているか
緊急の一時的対応	• 自殺や自傷の場合，その手段を本人から遠ざけることができているか • 家族に暴力等の危機が迫っている時，一時的に家族を遠ざけることができているか
サポートシステムの点検	• インフォーマルサポートはどのような状態か • フォーマルサポートは機能しているか

図24　危機介入アセスメントのポイント

（筆者作成）

生じているのか（When）を検討する際には，危機が生じたと思われる時の少し前からの当事者や家族の変化を確認します。そこで，なにが生じているのか（What）を明らかにするために，そこで起きている危機事象の詳細とともに，その危機事象を当事者や家族がどう認識しているのかを明らかにします。また，その危機に対して家族はどのように対処してきたのか，いつもは，どのように対処しているのか（How）を明らかにする際には，危機が生じてからのその事象に対するネガティブ・ポジティブな当事者や家族の行動や，その事象以降，家族に生じてきた危機を乗り越えようとする力について検討します。

　次に，緊急の一時的対応がなされているかどうかを検討する必要があります。これは，命を護るための一時的対応です。当事者の命を護るためには，短期の入院が必要となる時もあります。また，家族に危機が生じている時に，必要であれば，家族を別の場所に保護する必要も生じてきます。

　さらに，危機介入アセスメントでは，その時のインフォーマル・フォーマル双方の対応を点検し，その事例に次の危機が生じた時に，今あるサポートシステムをどう活用するのかを明らかにします。さらに，もし，その地域に危機に対応するシステムが存在しない時には，そのシステムをどう築くかを，地域のひきこもりソーシャルワーカーの共通の課題とする必要があります。

5-2-2.　ひきこもりにともなう暴力と危機介入

　ひきこもりソーシャルワークが対処する暴力には，親やきょうだいとの関係を調整することで解決できるものから，警察の介入が必要な深刻な暴力まで幅があります。突然の電話で出会う事例のなかには，なぜ警察に直接電話せずに，今まで我慢したのだろうかとの思いをもつほど深刻なものもあります。

　ただ，こうした深刻な暴力は，突然生じるものではありません。先が見えてこないひきこもり生活が長引くと，当事者自身も，家族やきょうだいも，どうしていいかわからない

状態に陥ります。葛藤する当事者に対して，親やきょうだいが批判的な言動を行なうならば，それが当事者の焦りや葛藤をより強め，暴力として生じることが多いのです。

　当事者も，暴力をふるった後で自身を責めることがあるのですが，自身の怒りをコントロールできないほど追い詰められた状態になっているのではないでしょうか。こうした事態が生じた時，ひきこもりソーシャルワークは，家族の危機回避を確実に保障しなければならないこともあります。

　ひきこもりソーシャルワークは，当事者はもちろん親やきょうだいが，暴力被害の対象となることを防ぐ必要があり，警察介入を決断しなければならないこともあります。警察介入は，当事者の興奮状態と，親やきょうだいの外傷の状態，凶器の準備状況から判断する必要があります。

　興奮状態の判断においては，暴力によって親やきょうだいの混乱が持続しているため，冷静に判断できない時があります。その時，「興奮は長時間持続していますか」という質問には問題があります。それは，どの程度が長時間であるのか判断することが困難であるとともに，暴力を受けている親やきょうだいにとっては，たとえ短時間であっても長時間と感じるからです。そこで「いつもより長く興奮が続いていますか」「それは，どのくらいですか」「どうして，いつもより長いと思いますか」と，その状況を具体的に聴取することが必要です。

　また，親やきょうだいに外傷があれば，至急に救急車を依頼する必要があります。ただ，消防から警察に連絡が入ることがあるため，このことに関する了解をとって救急車を依頼する必要があります。警察の介入後に本人の興奮が高まり，暴力がより深刻な状況になる危惧を否定できないからです。警察が出動し，親やきょうだいに外傷がある時には，当事者を安全な場所に保護（精神保健福祉法第22条，警察官職務執行法第3条）する処置がとられますが，それは，あくまでも一時的な保護であり，精神鑑定の必要を認めない時には自宅に帰ることになります。そこで，警察に通報されたことから親きょうだいを恨み，暴力が繰り返されることになりかねません。そのことを親に伝えた上で，警察の介入を判断しなければなりません。

　警察介入の必要はなくとも，当事者になんらかの暴力があり，家族が有する平生の生活力（課題解決力）が弱まっている時には，危機介入の判断を行うことが求められます。危機介入の要不要を判断する一つの基準（チェックポイント）を図25に示します。例えば，本人の状態が①②であるが，親やきょうだいの状態が受容的で，当事者の状況を理解していれば，親やきょうだいに寄り添いながら，その状態を克服することが可能となるかもしれません。しかし，本人の状態が①②であり，親やきょうだいの状態が否定的であり，かつ当事者に対して攻撃的であれば警察の介入も含めた介入を計画する必要があります。

本人の状態	①興奮が持続し、家族の力では対応できない ②徐々におさまっているが時折思い出したかのように興奮する ③興奮はおさまったが，部屋でなにか家財を壊しているような音がする ④興奮はおさまった
親や保護者の状態	①緊急の手当が必要な外傷を負い，深刻な心理的な痛手を受けている ②緊急な手当が必要な外傷ではないが，手当は必要である ③外傷は負っていないが，極度の不安や恐怖がある ④なんとか本人の回復を待てる
凶器準備状況	①自室に凶器となる金属バットやナイフがある ②自室に凶器があることは確認できていないが，通信販売等での購入歴がある ③自室にはないが，隠せる場所に過去に凶器として使用した物がある ④凶器を使用したことはない
親やきょうだいの認識 （受容，理解）	①暴力は許されるものではない ②暴力をふるう本人が怖いが，理由は理解できる ③彼（彼女）自身がつらい思いをしている 等の暴力をふるう当事者を否定し，一切かかわろうとしないのではなく、当事者の状況を理解しようとする力がある
親やきょうだいの認識 （否定，攻撃）	①もう嫌いだ，自分の子どもでない，怖い ②死んでほしい，殺してしまいたい ③誰かなんとかして欲しい

図25　暴力を伴う危機介入のチェックポイント

(筆者作成)

　ひきこもりに伴う暴力は些細なきっかけで生じる事例が多く，一方，根底にある焦りや不安はすぐに解決できるものではなく，むしろ，当事者とその環境との関係で増幅することがあります。ひきこもりに伴う暴力との関わりで，ソーシャルワークは，その環境と本人の関係調整を第一に考えなければなりません。

　例えば，ある近畿圏の有名高校を卒業した後，大学進学に失敗しひきこもった男性は，その生活を祖母が口うるさく言って追いつめる状況があり，祖母の鎖骨を折る怪我を負わせました。大学進学に失敗し，自分を責める日が続き，元気のない生活を送っていた孫の姿をみていた祖母が，高校時代のように元気になって欲しいと励ましたのです。これは，どこにでもある姿ではないでしょうか。そのとき彼は，ひきこもり生活が一年を経過し，今後の生活の不安が高まっていたようです。彼の父親は，祖母を怪我させたことで，心無い言葉で彼を罵りました。平生は彼のしんどさを理解し，いたって受容的に関わっていた父親ですが，姑に怪我を負わせたことから，「もう嫌いだ，自分の子どもでない」「おばあちゃんに怪我を負わせるなんて，お前はなんと怖い子になってしまったのか」と，彼を拒否する言葉を向けてしまいました。それは，彼にとっては，あまりにも拒否的な言葉でした。その言葉を聞いた彼は，ますます焦りや不安を強めたのです。

　この事例の場合，その後に相談に訪れた両親との面談を繰り返すことになります。初回

相談から2か月が経過した頃から，父親と本人が自宅で一緒に食事を摂ることができるようになりました。相談初期に，「息子のしんどさはわかっていたのだが」と悔やんでいた父親と彼の関係を調整するためには，それほど時間を必要としなかったのです。ひきこもりに伴う暴力に対しては，家族との関係を調整するとともに，彼や彼女たちがもっている不安や焦りに寄り添い，彼や彼女たちがもっている歪んだ認識を訂正する作業が必要です。この作業は，精神保健福祉士と心理職がグループで関わることで遂行可能となります。ひきこもりソーシャルワークが直面するのは，ほとんどが心理的な危機状況ですので，危機介入の実働的な部分は心理職が担うことが多くなりますが，ソーシャルワーカーには，その心理職とケース検討を繰り返しつつ，そこで生じている新たなニーズに着眼し，次の局面の支援を見据えることが求められます。

　ただ，当事者や家族を対象とした危機介入プランのみで，暴力を伴う親の不安は消失するものではありません。近畿圏のある中核市では，ソーシャルワーカーは地域で支える取り組みを準備していました。それは，家庭内暴力の親を対象とした家族教室と，地域の介入チームの結成です。家族教室は，親に知識を与えるといったものではなく，親が相互に学び合い支え合うことが可能になる集団として運営されていました。また，地域の介入チームは，専門職が互いに業務を通して育ちあう機会を保障するために「精神障害者業務連絡会議」（2020年度より，自立支援協議会精神部会として運営されることになる）として任意に結成されたものです。その地域で，脆弱な家族が強く生きていくためには，その地域がこうした資源を整えているかどうかが問われます。

危険度	徴候と自殺念慮	自殺の計画	対　　応
軽度	・精神状態／行動の不安定 ・自殺念慮はあっても一時的	なし	・傾聴 ・危険因子の確認 ・問題の確認と整理，助言
中等度	・持続的な自殺念慮がある ・自殺念慮の有無にかかわらず複数の危険因子が存在する（支援を受け容れる姿勢はある）	具体的な計画はない	・傾聴 ・問題の確認 ・危険因子の確認 ・問題の確認と整理，助言 ・支援体制を整える ・継続
高度	・持続的な自殺念慮がある ・自殺念慮の有無にかかわらず複数の危険因子が存在する ・支援を拒絶する	具体的な計画がある	・傾聴 ・問題の確認 ・危険因子の確認 ・問題の確認と整理，助言 ・支援体制を整える ・継続 ・危機時の対応を想定し，準備をしておく
重度	・自殺の危険が差し迫っている	自殺が切迫している	・安全の確保 ・自殺手段の除去 ・通報あるいは入院

図26　自殺の危険度の評価と対応

（出典：平成20年度厚生労働科学研究費補助金20年度厚生労働科学研究費補助金 こころの健康科学研究事業 自殺未遂者および自殺者遺族等へのケアに関する研究）

5-2-3. ひきこもり当事者の自殺と危機介入

　ひきこもりソーシャルワーカーは，自殺未遂をきっかけに相談来所する人よりも，むしろ，長期にわたる支援のなかで「死にたい」と訴える当事者と向き合うことのほうが多いのではないでしょうか。長期にひきこもっていた人の自殺未遂と出会った時，ソーシャルワーカーは，大きな衝撃を受けるばかりか，自身の力量不足のためにこの事態に陥ったという自責の念に襲われることがあります。当事者達の「死にたい」という訴えを「また言っている」と放置し，自殺に至った時には，自身を責め，バーンアウトすることもあります。そこで，自殺未遂事例と出会った時に，ソーシャルワーカーとしてどう関わるのかを判断する基準が必要となります。

　まず，ひきこもりソーシャルワーカーが，ひきこもり事例の自殺未遂や強い自殺念慮との関わりで克服しなければならない誤った認識があります。これを，WHOの見解（図27）をもとに考えます。
　ひきこもりソーシャルワーカーは，自殺を考え，その思いを伝えるひきこもり当事者の語りを否定してはなりません。「死にたい」という思いを伝える当事者は，生きたいとも

誤　　　解	真　　　実
自殺を口にする人は実際には自殺するつもりはない	これは，明らかに誤りです。ひきこもりが長期化した時や，基礎疾患（統合失調症，気分障害，摂食障害等）をもっている人の多くが，極度の不安や抑うつ，絶望を体験し，自殺以外の選択肢はないと考えている人が多くいます。
ほとんどの自殺は予告なく突然起こる	まったく事前のサインがない自殺もありますが，多くの自殺には言葉か行動による事前の警告サインがあります。自室にひきこもっている当事者からある日突然「お母さん，お母さんとの思いで大切にします」といったメールの後で自殺をした人もいます。また，不安や絶望が激しくなり，暴力的になった後に自殺することもあります。
自殺の危機にある人は死ぬ決意をしている。	自殺を考える人は，死ぬか生きるかの両価的な価値観に悩まされています。ひきこもりから脱することができず，自分なんか生きていてもしかたないと考えたり，なんとか自分の考えることをしたいと思ったりしています。
自殺の危機にある人は，いつまでも危機にあり続ける。	ひきこもり当事者は，自殺念慮（死にたいと思い，自殺する方法を考え巡らすこと）を常に持ち続けているのではなく，ひきこもり期間のなかでも，なんからの大きな出来事やストレスが高まった時に強くなります。
精神障害を有する人のみが自殺の危機に陥る	自殺関連行動は深い悲哀のしるしであり，必ずしも精神障害のしるしではありません。今，自分がおかれている状況と，周囲の環境（たとえば，両親や周囲の人の言動）との関連が，悲哀が深まる時，大きなストレスが生じ，自殺念慮が高まり自殺関連行動が生じます。
自殺について話すのはよくない。促しているようにとられかねない。	包み隠さず話すことが，自殺を考えている人に自殺関連行動を促すよりは，むしろ，他の選択肢や，決断を考え直す時間を与え，自殺を予防します。また，ひきこもり当事者が，自殺について話そうとした時に，「そんなことを考えるのはよくない」と頭から否定することは，彼や彼女が自殺を考える自信をより否定することになります。

図27　自殺の俗説と事実

（参照：WHO，2014，自殺を予防する　世界の優先課題）

思っているのです。助けて欲しいとの思いを伝えることができずに，自室にひきこもっている人が，家族や援助者に「死にたい」という思いを伝えてくる時，それは「自分はなんとか生きていきたい」という思いを伝えているのです。なかには，人生に見通しをもつことができずに，自室で毎日のように自傷する人もいます。この行為に及んでいる時こそ，助けて欲しいと願っている時なのかもしれません。

① 援助希求を見逃さない

ひきこもりソーシャルワークは，そもそも援助希求が弱い彼や彼女たちが，ソーシャルワーカーになんとか助けてほしいと語りかけていることを見逃してはなりません。松本俊彦らは，自殺リスクの高い子どもに共通することに，相談したり，助けを求める力，つまり援助希求の弱さがあると指摘しています。松本らは，その援助の代わりに，自傷や過剰服薬により心の痛みを麻痺させている状態があると言います[45]。ひきこもる当事者達にとって，他者に自身の思いを相談することは，かなりの勇気が必要です。

これは，居場所に参加し始めた頃の当事者たちにも言えることですが，「ソーシャルワーカーは，自分のことを本当に理解してくれるだろうか」「自分が死にたいと言ったら，なんか変に思われるのではないだろうか」と相談することを躊躇し，今日こそ相談しようと思いつつも，それができない日が続くことがあります。そんな時，彼や彼女たちが，援助を求めたいが，その思いを伝えきることができない様子を，ソーシャルワーカーが敏感によみとる必要があります。

また，自室や自宅にひきこもっている当事者達は，「助けてほしい」「自分の気持ちを理解してほしい」と語りかけるリアルな相手と出会うことができないなかで，その思いと向き合っています。彼や彼女たちが，リアルな相手でなくとも，誰かにその思いを伝える手段をソーシャルワーカーは用意する必要があります。その一つが，ライン電話相談です。対面し，言葉で語ることができなくとも，今のつらい思いをラインで伝え，その思いに耳を傾けることができる条件を整えることは，ひきこもりソーシャルワークが自殺の危機介入を行うにあたって不可欠でしょう。

② 自殺への思いを語ることができる関係や場を保障する

ひきこもりソーシャルワークは，当事者達が，自身の「死にたい」という思いを語ることができる関係や場をつくらなければなりません。自室や自宅にひきこもる当事者が，その思いを語ることができるリアルな人は，親やきょうだいでしょう。この親やきょうだいにとって，当事者は大切な家族ですから，「死にたい」という思いを聞いた時には「そんなこと考えるの止めなさい」と強く戒めるかもしれません。親やきょうだいが，彼や彼女たちの苦しさを理解し，彼や彼女たちを受容するためには，親やきょうだいを対象とする支援が必要です。

当事者達の思いを聞いた親やきょうだいは，自身の子育てが間違っていたと後悔したり，否定したりします。そんな親やきょうだいには，彼ら自身の思いを吐露できる関係や場が必要です。親やきょうだいを対象とした心理教育や家族会などの自助会活動として行なわれることが求められます。

　自室や自宅にひきこもっている人が，「死にたい」という思いを語る他者との関係には，リアルな関係ではありませんが，webを活用した当事者会があります。今，いくつかの地域で，リモート当事者会やリモート居場所が実践されています。こうしたリモート当事者会で，同様の苦しさをもつ人に「死にたい」という思いを語る人もいるでしょう。自分の苦しさを理解してほしいと，その思いを語り続ける人がいるかもしれません。もちろん，そのなかには，自殺への思いが切実になっているものがあることでしょう。仲間の思いを知った当事者は，その思いをどう受け止めるものかと動揺することでしょう。
　自殺の危機をできるかぎり早く把握し，適切な介入を行なうことが，彼や彼女たちの命を救うために不可欠です。しかし，webで知り合った当事者にその介入を任せることは，あまりにも公的責任の放棄であり，しかも危険な事態に結びつく可能性を強く持ちます。それを予防するためにも，今後，web当事者会で出会った仲間の危機を相談できる体制の整備が求められています。その中心的な役割を担っていくのは，ひきこもり支援の数少ない公的機関である各自治体に設けられているひきこもり地域支援センターです。

　居場所に参加し始めた人が，自殺への思いを語ることができるのは，そこに，十分信頼できるソーシャルワーカーの存在を認めた時です。ひきこもり外来で専門の治療を受けつつ大学に通い始めた男性は，「死にたい」という思いを教員や医師には伝えずに去っていきました。後にわかったことですが，彼はその思いを同級生には語っていました。サークル活動や就職活動等で余裕がなかった同級生は，彼に「何を甘えているのか」と答えていたようです。彼は，同級生に助けを求めていたのですから，その苦しさを専門的にとらえるソーシャルワーカーや，同じような思いをもち共感的に関わる当事者達が参加する居場所が保障されていたならば，その悲しい出来事は避けられたかもしれません。彼や彼女たちが，人生の課題に葛藤し，不安と十分に向き合いつつ育つことができる関係や場を，ひきこもりソーシャルワークは準備する必要があります。

③ 自殺手段を除去しつつ，支援体制を整える
　そうした関係や場を準備しながら，実際に迫ってきた自殺事例とどう向きあえばいいのでしょうか。ソーシャルワーカーが「危ない」という思いを持って，緊急のアセスメントを必要とした時には，一人でアセスメントをするのではなく，その人を支える地域の支援者集団でのアセスメントが必要です。その時，「今，誰と，どの機関と，どう関わることが効果的か」を，まず判断します。そのためには，エビデンスが証明されている基準に基

づくソーシャルワークが必要となります。

　「自殺未遂者および自殺者遺族へのケアに関する研究」では,「自殺再企図のリスク」は,「①自傷, ないしは自殺企図の手段や身体損傷の程度の変化, ②周囲の支援の不足 (量と質) やニードとの不調和, ③家族やその他の周囲の関係者等の理解の不足と対応の誤り, ④患者の援助希求行動の乏しさ, あるいは支援への拒絶」に求めることができる[46]と指摘しています。

　電話相談やライン相談, さらには, 対面での相談などで, 自殺リスクが高いと思われる事例を把握し, 地域の他機関と連携する時には, スピーディーにかつ正確に状況を伝える必要があります。そこで活用できるツールにJAM (Japanese Association of Mental Services) の「JAM自殺リスクアセスメントシート」(図28) があります。JAM特定非営利活動法人メンタルケア協議会では, アセスメントシートを更新し, 2020年1月現在ver.7としています。このシートは,「救急相談, 女性相談, 電話相談など様々な相談場面で, さらに, 普段日常の会話の中で, 自殺企図のリスクがあるのではないかと疑われた場合に自殺リスクの高さを判断し必要な対応を考える」(JAM自殺リスクアセスメントシートの用い方 version 3. http://www.npo-jam.org/works/suicide/data/JAMSIG_manual_ver3_20140429.pdf : 以下「用い方」と略) ことを目的としています。さらに, このシートでは,「本人の様子」「背景事情」「本人の対応能力・周囲の支援力」の三つのステップを踏み, 総合判断を行なうようになっています。その総合判定は,「本人の自殺の危険性の高さを総合的に判定する」ものであり,「背景事情」が深刻でなくても,「本人の様子 (本人の状態、希死念慮)」次第で自殺企図は起きることや, 逆に,「背景事情」が深刻でも, 本人に対応能力, 周囲の支援があって, 本人がひどく追い詰められていない場合は自殺の危険性は高くないことを配慮して行うことが必要であると「用い方」に記されています。

　さらに,「用い方」では, リスク判定を「低, 中, 高, 実行済み」の4段階に分けています (「平成20年度厚生労働科学研究費補助金 こころの健康科学研究事業 自殺未遂者および自殺者遺族等へのケアに関する研究」では,「軽度・中度・高度・重度」となっていますが, この「高度・重度」を, JAMでは「高」としています)。もちろん, リスクは変動するものなので, その時の情報でその人のリスクをすべて判断できるわけではないことに留意することが大切です。

　　実行済み；既遂に至るような企図、企図の偶然的な失敗、処置の必要な自傷行為を既に実行している（処置が全く不要な程度の自傷行為は含まない）
　　高　　　；電話を切った後や数日中に自殺企図を実行する可能性がある
　　中　　　；具体的な計画があり、すぐではないと思われるが自殺企図を実行する可能性がある
　　低　　　；具体的な計画はなく、自殺企図を実行する可能性はほとんどないと思われる

JAM自殺リスクアセスメントシート ver.7

| 対応時間 | 時 | 分 ～ | 時 | 分 | No. | (|) |

本人の様子

A群	1	男・女		歳	職業等		現在地;自宅・その他(	)

B P S A S	2	追い詰められ感・視野狭窄(低・中・高)　うろたえ・焦燥感(低・中・高)　衝動的　抑うつ感(低・中・高)
		曖昧　呆然　奇妙さや不自然さ　疎通不良　まとまりのなさ　反応の鈍さ　すぐに自殺企図しようとする
		その他、特異なこと( )

B群	3	自殺に関する発言(出来るだけ本人の言葉で)

希死念慮	4	□即、実行するつもりでいる	□一部を既に実行した　( )
	5	自殺の手段	□考えていない	□考えている(□致死的
	6	自殺の準備	□準備していない	□準備している(□遺書あり
	7	他者を巻き込む可能性	

促進	8	□飲酒( )	□違法薬物	□過量服薬;薬物名と量( )

背景事情 & 辿っているプロセス

9	【自殺しなくてはならないと思っている事情】

10	自殺で得られると思っていること( )

11	自殺企図・自傷歴	□なし	□あり(時期・手段	□致死的　□一月以内　□企図頻回　□自傷エスカレート
		具体的な事実;		

12	身近な人の死	□なし	□あり	続柄・時期	□自死遺族
13	同居者	単身・同居者( )		家族事情;	
13	経済状況	□充足	□困窮・借金・失業　(
14	精神疾患	□なし	□あり	統合失調症・うつ病・AL・薬物・摂食障害・発達障害・その他( )
15	精神科通院歴	□なし	□あり	通院先( )　最終受診日( )　□通院中断
	精神科入院歴	□なし	□あり	入院先( )　時期・期間( )　□退院一月以内
16	身体疾患	□なし	□あり	病名　ADL( )

17	辿っているプロセス(悪循環・精神状態の揺らぎ・精神症状・不明)	段階(初期・中期・BPSAS・不明)

本人の対応能力・周囲の支援力

18	自殺意志修正の可能性	□可能( )　□不可能( )
19	本人の課題対処能力・社会的スキル	□高い　□普通　□低い　□著しく低い　(具体的に)
20	家族・知人の支援	□同伴( )　□非同伴( )　□いない・非協力・孤立
21	本人の支援希求	□求めている( )　□求めていない・得られない
22	【特別な事情など】

自殺のリスク　　　　低　中　高　実行済み

対応	□電話相談のみ		【その対応をとった理由】
	□連絡・通報	□家族に連絡する	
		□救急要請する	
	個人情報提供	□警察に通報する	
	承諾　□あり	□その他( )	
	□なし	□連絡・通報できず	
	□紹介・仲介	□医療機関を紹介し受診を勧める	
		□医療機関へ仲介する	
		□関係機関を紹介し相談を勧める	
		□関係機関に仲介する	
		□119番(救急隊)への相談を勧める	
		□警察への相談を勧める	(気がかりなこと & POOR)
	□その他	( )	
転帰			

図28　JAM自殺リスクアセスメントシート

(特定非営利活動法人メンタルケア協議会 [NPO JAM] 2020年1月)

判定を行った後，相談を受けた機関や人が，そのまま放置しておくならば，低いと判断されたリスクも高くなることがあります。リスク判断を行った後で，すみやかに地域の支援機関との連携した実践を計画する必要があります。

ひきこもりソーシャルワークにおけるリスクごとの支援体制は次のように考えられるでしょう。

まず，実行済みで既遂に至らなかった場合には，それほど時間が経過しないうちに再度自殺を企図する可能性を持っています。自殺を企図したが既遂に至らなかったり，激しい自傷行為のために病院での手当が必要であったなどの相談が家族からあった時，相談を受けた機関が民間の相談機関である場合には，公的な相談機関との情報共有を図ることが妥当です。公的な相談機関である市町村役場や保健所，都道府県のひきこもり地域支援センターは，処置を受けた病院などと本人の情報を共有することが比較的簡単にできますが，地域の民間相談機関の場合には守秘義務との関わりで，処置を受けた病院との情報交換に困難をきたすことがあるからです。引き続く支援のためにも，保健所や市町村の保健福祉担当課との継続した密な連携が不可欠です。

この連携は，リスクを「高」と判断した時にも必要となります。高いリスクがある場合には，自殺企図に伴い，救急処置を必要とすることが多くあるため，保健所や市町村役場を連携先としておく必要があります。場合により，警察も連携に加える必要があります。

一方，「中」と「低」は，すぐに，危機への介入を行なうのではなく，地域の支援機関による見守りを必要とします。

いずれにしても，当事者の身辺に，自殺を行う手段が用意されている場合には，当事者を説得の上，その手段を遠ざけることが必要となります。具体的には，刃物や薬剤をすぐに手が届く場所に置かないこと，向精神薬を本人ではなく親もしくは医療従事者が管理すること，自宅が高層階にある場合は窓の開閉幅を制限する、ひも類を身近に置かない，自室からひもをかけることができるような突起を無くす、などの工夫を危機介入時に行なう必要があります。

④ 危険から遠ざける

切迫した状況があり，自宅で過ごすことが困難と判断した場合は，差し迫った危険から当事者を遠ざける必要があります。

ひきこもりソーシャルワーカーは，家族から，「自殺が未遂に終わったが，病院が入院させてくれないので，帰宅しなければならない」という相談を受けることがあります。自殺未遂で救急病院に搬送されても，処置が終了すれば，その医療機関が家族同伴のもとで本人を自宅に帰すことは珍しくありません。帰宅後も家族が当事者から目を離すことができない状態がそこで起きているのですから，当事者が納得した上で，精神科病院への受診を勧め，できるならば，短期の入院をすることが望ましい場合が多くあります。

⑤ 家族の支援

　家族への支援を考える時に，絶対に行なってはならないことがあります。それは，「どうして，こんなになるまで放っておいたのですか」「今まで気づかなかったのですか」などと，家族を責めることです。自殺は，家族の責任で生じるものではありません。家族が本人に過度のストレスを与えていたとしても，その背景には，家族の焦りを生んだ要因が潜んでいます。

　また，自殺は，家族の責任で回避できるものではありません。家族の支援で最も大切なことは，家族とソーシャルワーカーは，お互いがそれぞれの役割を果たし，今ある苦境を乗り越える共同実践者であり，双方は協同的な関係を築く存在であることを明確に伝えることです。そのためには，まず，「ご家族と私たちで，共に，彼（彼女）の命を護り合いましょう」という明確なメッセージを送ることです。その上で，家族の苦労をねぎらい，家族の苦しみや不安に共感しつつ傾聴し，今を乗り越える課題に焦点をあてます。ソーシャルワーカーが見守っているという安心感から，家族の力で今を乗り越えることが可能な状態であれば，家族の力を信じて待つことが必要となります。

5-2-4. 危機介入とチームによる地域変革

　危機介入は，ひきこもりソーシャルワークにとって，頻繁に必要となるものではありません。しかし，危機が生じた時に適切な介入が行なわれないと，当事者や家族がより深刻な"生きづらさ"を持つことになります。ひきこもりが家族を，なんらかのストレスで傷つきやすい状況においていることは否定できません。その家族を支援する地域の支援体系が揃っていない時には，傷つきやすい家族は解体の過程をたどりかねません。

　そこで求められる地域の支援体系について考えます。ひきこもりソーシャルワークを取り組む公的な相談支援機関と民間の相談支援機関が，危機介入の必要性を判断する柔軟なネットワークを形成し，アセスメントと介入を行なう必要があります。少なくとも，民間

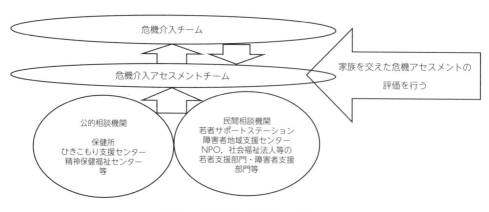

図29　危機介入と地域ネットワーク
（筆者作成）

相談機関の限られた力だけで実践することを強いてはなりません。

　筆者は，「地域で生じた事実に確実に対応するためには，関係機関や団体の強固なネットワークが不可欠であるが，それぞれの“長”が職責で参加するネットワークのみでは，個々の事例に対応しきれない。子ども・若者が危機と対応し地域生活に参加することを保障するためには，“顔の見える”関係の地域実践者，“呼びかけにすぐに応えられる実践者”のネットワーク，つまり前者を強固なネットワークとするならば，緩やかなネットワークが必要である。」[47]と考えてきました。

　この柔軟なネットワークは，地域でひきこもりソーシャルワークに取り組むソーシャルワーカーが必要に応じて，迅速かつ柔軟に組織化できるものでなければなりません。現行の社会資源との関わりでは，各地域で展開されている子ども若者支援地域協議会や地域自立支援協議会のなかで結成されることが望ましいでしょう。ただ，地域の諸協議会が，形骸化していたり，組織の“長”が職責で参加するネットワークに留まっている状況も多くみられます。そうした状況のなかでも，ひきこもりソーシャルワーカーは，地域でのソーシャルワーカー相互の連携を強めていかなければなりません。それぞれの組織やソーシャルワーカーがどのように関わりあい実践できているかを，今，それぞれの地域で確認する必要があります。

　危機状態にある当事者や家族の命を守ることが必要となる危機介入の局面では，彼や彼女たちを精神科病院に強制的に入院させるといった決断をしなければならない時があり，侵襲的な要素を持つことがあります。危機介入アセスメントチームは，アセスメントが終了したとしても，その実践を終了せず，本人にとってそれは妥当な介入であるか否かを確認する役割を担います。

　このような危機支援に取り組むことにより，地域の支援力が高まるでしょう。地域の福祉力を高める作業は，コミュニティに居住する住民と組織，専門職が相互に実践を批判的に検討し，要求の政策化を実現する過程のなかで可能になります。実践者たちは，個の危機や集団（家庭や学校，地域）の危機と向き合い，個や集団が持つ可能性を発見し，育てる実践のなかで，実践者としての育ちを実感します。

　危機のなかで，当事者達や家族の可能性を見出すことは，それほど簡単ではありません。危機と向き合うソーシャルワーカーは，住みづらい地域を変革する専門職集団として育ちます。地域の子ども若者支援地域協議会や障害者自立支援協議会は，市民が自身の生存・発達上の課題と向き合い社会に参加する力を獲得する実践を，当事者や広汎な市民とともに展開する必要があります。その実践は，一部の熟練した実践者やスーパーバイザーの力で可能となるものではありません。実践者集団の育ちあいのなかでこそ可能となります。地域の実践者の専門性は，同職者と仲間として相互に育ち合うことを目指し，相互に批判しあい，実践を通して自らの発達に常に挑戦するなかでこそ育ちます。

5-3. 制限からの解放を目指す【制限との対峙の局面】

　ひきこもりソーシャルワークの着地点は，ひきこもり当事者達それぞれが自身が選んだ人生を生きることを保障することであり，さらには，家族が当事者の人生を受け止め，共に生きることが可能となる社会を築き上げることにあります。当事者のなかには就労自立を選ぶ人もいるでしょう。また，緩やかな就労の場を探して参加する人や，居場所での生活を選択する人もいるでしょう。自室でパソコンを通して外界と関わり続けることを選ぶ人もいるかもしれません。

　今日のコロナウイルス・パンデミックは，自宅で仕事をすることが当たり前の働き方であることを証明しました。今後は，どのような社会への参加であっても，それぞれが孤立せずに，より充実した人生を送ることを保障する社会の創造が必要でしょう。社会への参加過程で躓きのある人や，自宅にひきこもり他者と関係をもつことができない人を支援し，他者となんらかの関係を持ち，孤立せずに生きることを保障することが，ひきこもりソーシャルワークの着地点ではないでしょうか。

　そもそも，ひきこもりは，資本主義社会の構造的矛盾との関係で捉えなければなりません。今日の資本主義社会の構造的矛盾は，思春期から青年前期，そして成人期の生存・発達を様々な形で危機に陥れています。家庭・学校・職場などに資本主義的矛盾が貫徹し，その一つである競争主義的価値観は，家庭においては親が子に過度な競争に打ち勝つ勉強を強い，学校においては仲間同士が成績の競争を強いられ，敗者や異質の者が排除されるいじめが深刻な課題となり，職場ではその職場に役立つか役立たないか（営業成績のみではなく，その職場を支配する者の価値観で判断される）で個々人が判断されハラスメントの対象となっています。そうしたなかで，その人の生活（暮らし），生存（いのち），発達（意味ある生涯）が制限されたり，危機に陥れられているのです。資本主義社会の構造的矛盾がもたらす「暮らし，いのち，意味ある生涯」に危機をもたらす事態の一つとして表出しているのがひきこもりです。

　ここで述べる，個・家族・地域・社会の【制限との対峙の局面】とは，「自己自身を解放して自己の諸潜在力を実現する人間の能力にたいする信念に充ちた一つのプロテスト」[48]の実践として提起するものです。

　レスリー・マーゴリンは，「ソーシャルワークは，侵入という発想に基づいている」と次のように述べています。

　　社会問題を公共の場所から洗い流すことはもはやできないが，そのもっとも私的な生活空間の最小単位から除去することはできうる。「手を差しのべる」や「援助を拒

個・家族・地域・社会の制限から解放への局面	
局面概要	• 個人，グループ，コミュニティが自分自身の環境をコントロールできる力を獲得する • 生存・発達が保障され生活の質を最大限まで高める実践の展開 • 暮らしを改善する主体となる個・集団を育てる実践の展開 • 抑圧と対峙する自己と集団を形成する実践の展開
目的	• 社会経済的な不公平と対応する • 個別・集団実践を通して，個々の，家族の，地域のストレングスをより強める • ひきこもり者が他のマイノリティと共に社会づくりの主体となることを目指す
方法	• 当事者が，主体的に自身の「強さ」を見極め，これを強化する実践に主体的に参加することを実践とその"場"を創造する • 互いに育ちあうことを可能とする集団の育ちを保障する：ピアアドボケート • ピアアドボケートを促し，多くのマイノリティ集団と共に解き放ちの方向を目指す
関係性	協同的関係性

図30　制限から解放への局面の概要と，目的，方法，関係性
(筆者作成)

む人に手を差しのべる」といったことばは，ソーシャルワークを，「隠れた場所の掘っ立て小屋」や「見えない巣穴」や「真っ暗な檻」や「語られることがなかった腐敗堕落に満ちた」場所の探検という，その神話的な起源にむすびつける。このイメージにおいては，家庭が抵抗の最後の砦となる。[49]

　ひきこもりソーシャルワークは，まさに，外から見えない家庭のなかで生じている事態を対象とした実践です。見えない家庭とは，「見えない巣穴」や「真っ黒な檻」であるかもしれません。また，そこは「語られることがなかった腐敗堕落に満ちた『場所』になっているかもしれないのです。そうした家庭で生じているひきこもりを対象とするソーシャルワークは，決して「（ソーシャルワーカーが）計画し，戦略を立て，指示し，コントロールする」特権[50]を持ってはなりません。しかし，その特権を捨てようとしない事実があることも否定できないのです。ソーシャルワークが持つ権力性を克服し，社会的諸矛盾がもたらす制限からの解き放ちを目指すソーシャルワーク実践の構築が，この局面です。

　ひきこもりの責任を家族に求め，「家族が甘いからひきこもりが生じ，それが長期化するのだ」「家族がしっかりと対応しなければ，この問題は解決しない」と家族が攻撃されることがあります。これは，明らかな間違いです。こうした攻撃は，家族の暮らし，いのち，意味ある生涯を奪います。この局面のソーシャルワークは，家族も当事者とともにそうした社会と対峙する力をつけ，抑圧や制限から解き放たれるための主体的に向き合う力の獲得を目的とします。推定で110万人のひきこもりがいるとは言え，15歳〜64歳までの日本の人口約7500万人の国民のなかではマイノリティ（少数者）でしょう。ひきこもりソーシャルワークは，そのマイノリティがマイノリティであるがゆえに，その暮らし，いのち，意味ある生涯が制限され，生存や発達の権利が剥奪されている存在であり続けることを許す社会と向き合わなければなりません。それは，ひきこもりに対する正しい理解

を啓発するだけで可能となる課題ではありません。それを可能にするためには，当事者が，暮らし，いのち，意味ある生涯を手中にする権利主体として育つ実践を用意する必要があります。

5-3-1. ひきこもりソーシャルワーカーの姿

　今でも順応（適応）をソーシャルワークの目的とする考えがあります。イアン・ファーガスンが，ソーシャルワークはそのほとんどの歴史において，国家によって社会統制の主要な一形態とみなされ，彼ら／彼女らが行使する技術においてのみ「ハードな警察官」とは異なるだけの「ソフトな警察官」だとみなされてきた[51]と述べるように，これまでのソーシャルワークは，社会への順応（適応）を促し，順応できない人が順応できるようになるためにトレーニングを行なうことを目的としてきました。ひきこもりが長期に至っていることは，社会を支える層が就労し納税する義務を果たせなくなっているから問題である[52]といった経済損失論を根拠とし，強固な社会を築く政策を遂行する人たちにとって，ひきこもりは，社会に役立たないばかりか，社会に損失をもたらす存在と見られるでしょう。こうした人たちは，ひきこもりを早期に「克服」する課題であると考え，ひきこもり「克服」やひきこもりからの「脱出」を急ぐことが社会経済を救うと考えます。こうした考えは，当事者達を無理やりに引き出そうとするひきこもり産業の暴挙を支える権力的・暴力的思考となります。

　長期にひきこもることで所属する学校や職場から排除されると，社会的なあらゆる関係から排除されかねません。しかも，歴史的に家族の自己責任を追求してきた日本の社会では，家族内の問題を自己解決する責任を家族に課し，社会に対してサポートを求めず，そこから「排除される構造」を残してきました。この排除される構造は，家族内で生じた「恥部」を家族外に伝えてはならないという思いと共に強固になってきました。今，深刻な問題となっている8050問題のなかには，自身の子どものひきこもり状態を「恥部」として他者に相談できなかった者もいるのではないでしょうか。もちろん，日本の社会はひきこもりのみならず，多くの生活上の課題を家族の問題としてきました。そのため十分に社会的な支援や情報が行きわたらず，家族の課題を社会の課題とすることが拒まれてきたのではないでしょうか。こうした日本の社会に抗うためには，社会に主体的に立ち向かう人を育てあげる人間観，人が人として生き抜くことを保障する実践観が必要です。

　福祉実践は，生理的な障害や疾患がもたらす生活障害や，障害や疾患が明確でなくとも，なんらかの"生きづらさ"を持ち，より人間らしい生活を送りたいというニーズを持つ人が，様々な福祉の資源や方法（道具）を活用し，社会の主体として生きうるために必要な活動です。福祉実践によって，「暮らし，いのち，意味ある生涯」を援助された人々が，諸矛盾を有する社会と対峙する力を持つのです。

　レスリー・マーゴリンは，権力を行使するソーシャルワーカーについて「自分たちが作ったルールを責任をクライエントに負わせ，クライエントを統制下に置くソーシャルワーカーは，権力に携わっている」[53]と指摘しています。その権力は，「社会におけるソーシャルワーカーの立場や，ソーシャルワーカーを雇用する社会的機関」が源泉になるものであり，ソーシャルワーカーは「これはこうであり，またこれこれである」と告げることを許されている権威をもつと指摘しています[54]。

　ひきこもりソーシャルワークに課せられているのは，権威と向き合い，当事者達と家族が解き放たれ，ソーシャルワーカーも自らを束縛する権力と向き合う力を獲得する“場と関係”の創造です。その“場と関係”について期待される機能から，“育ち合う場と関係”と“待つ場と関係”として，そこでの実践を考えます。

5-3-2. ひきこもりソーシャルワークと“待つ場と関係”の創造

　今日の社会では，どの職種・職場でも，人がゆっくり育つことを待つことができない事態を招いているのではないでしょうか。社会福祉現場においても，職員同士で競争させたり，促成栽培をしようとする傾向があります。誰もが他者から自らの行動が認められ，称賛されることを求めています。それは，自分が自分であることを証明する大切な事業です。しかし，その競争の敗者となることで，自分のすべてが否定されているのではないかという思いをもちかねないのが今日の競争です。

　そうした社会での競争で疲れ果てた人たちが，ひきこもりソーシャルワークの場に登場します。その時，ひきこもりソーシャルワークに求められるのは，当事者が自身と葛藤しつつ育つことを保障する“待つ場と関係”を育てることです。家庭・学校・社会を貫徹する競争主義のなかで疲れ果てた人たちが，その疲れ果てた自身を回復させるのが，“待つ場と関係”です。

　“待つ場と関係”は，ただ単に待つ場ではありません。「しかけを伴った」“待つ場”です。ひきこもりが長期化し膠着した状態にある事例の場合，多くの親は，なんとかこの状態を早く解決したいという強い願いを持っていることでしょう。それに対して，ただ単に「待ちましょう」と言い続けることは，親に過酷な試練を強いるものであり，ソーシャルワークにとって敗北ではないでしょうか。

　“待つ場と関係”は，ひきこもりつつも「一人ではない」という安心感と所属感を育てることができる資源です。当事者達のなかには，親から虐待を受けたり，適切な養育を受けることができずに育ってきた人が少なくありません。また，学校や職場でいじめやハラスメントにあい，強いストレスと遭遇し傷ついた人もいます。さらに，競争主義的な教育や会社での生活に疲れ果てた人もいます。彼や彼女たちにとって必要なのは，“ここにいていい”という実感です。今の自分が否定されないという感覚を得ることが“待つ場”での安心感につながります。安心感をより高め，“ここで自分のことを語ってもいい”とい

う思いを育てることを可能にするのが“待つ場と関係”であり，“育ちあう場”の重要な役割です。そのためにも，当事者達の歩んできた歴史を捉える必要があります。

　ひきこもりソーシャルワークの重要な課題に，孤立している当事者達や家族が，自分は一人でないという実感（安心感）を保障することがあります。当事者だけではなく，家族にも独自に安心できる関係や“場”が保障される必要があります。
　もちろん，関係や“場”が保障されたとしても，孤立している当事者や家族がすぐに活用できるものではありません。彼や彼女たちがその“場”に出ることができるようなしかけが必要となります。

　そのしかけの一つとして，アウトリーチがあります。自宅にひきこもっている当事者をソーシャルワーカーやピア・スタッフが訪問し，当事者と語り合い，そこに安心できる関係と“場”を形成します。その安心を担保に，さらに時間をかけて，外に出ようか，居場所を活用しようかとの思いが生じるのです。
　音楽が好きなある当事者は，いつもオカリナとギターを持って訪問するピア・スタッフに興味を持ち始め，そのピア・スタッフのいる居場所に参加したいと思うことから，徐々に参加が可能になり，今では仲間とバンドを組み活動しています。もちろん，音楽で十分な収入を得ることはできませんが，地元の小さなステージに立って拍手を受ける姿は立派な社会参加の姿です。その社会参加を可能にしてきた背景に，適切な時期に行うピア・スタッフ同伴のアウトリーチがあったことは言うまでもありません。
　アウトリーチでは，その後の支援を計画した上で行なうのが鉄則です。アウトリーチは，ひきこもり当事者にとって，侵襲的な方法であるがゆえに，その後の彼や彼女たちの育ちを保障できる場や方法が用意されていないなかでは行なってはならない取り組みです。ただ，そこにひきこもりの人がいるから，アウトリーチして外に出ることや就職することを説得する，というのは，アウトリーチという手法を活用した暴力です。

　安心できる“待つ場と関係”は，就労を可能にした後でも必要な“場と関係”です。彼や彼女たちが，その“場と関係”を常時活用しなくなった後も，いつでも立ち寄ることができ，時には戻ってくることもできる“待つ場”として機能することにより，安心を保障するのです。就労準備や自立支援のプログラムを終了した人が，戻ってくることができない“場”は，彼らの孤立感をより深め，“待つ場”として機能しません。就労を可能とした後も，なんらかの“生きづらさ”を持っている彼や彼女が孤立しない“待つ場と関係”を地域資源として創り上げることが求められています。彼らの育ちを保障する“待つ場と関係”は，当事者達や少し前までひきこもっていた人たちが集うことで，自分の発達課題との間に適切な矛盾が存在する発達の源泉としての機能を持ちます。

先に紹介した，社会福祉法人一麦会が運営する〈創カフェ〉で，一人の若者がせっせとストーブの薪を電動ノコギリで切って運んでいる姿は，集団の質から生じるものです。彼が所属する集団は，彼や彼女たちが，そこでのお互いの役割を追求することで，自分が社会的に重要な役割を持っていることを感じとることを可能にする集団です。そこでは，自身がその"場"で果たす役割を追求し，自分がなくてはならない存在であることを認識します。それは，自分がどんな人間になってきているのかを実感する"場"であり，自己肯定感を高めることを可能にする"場"です。他者に認められ称賛されることにより，「これでいいんだ」「自分の考えや行動は認められているのだ」という思いを強め，この場に包み込まれているという感覚を高めることができる集団が必要なのです。それが，待つことを可能にする"場"となります。

5-3-3. ひきこもりソーシャルワークと"育ち合う場と関係"の創造

彼や彼女たちが，ひきこもりつつ育つために次に求められるのが，育ち合うことができる"場と関係"です。"育ち合う場と関係"には，当事者達の育ちが保障される集団が必要となります。ソーシャルワーカーには，その集団を当事者達とともに育てる役割が課せられています。ソーシャルワーカーにありがちな，課題の早期解決を目指すがゆえの専門知識と技法を活用した「介入」への焦りは，当事者達とソーシャルワーカーの集団としての相互依存性を築くことを阻みます。ソーシャルワーカーの焦りは，当事者が了解しがたい事実と向きあい，混沌とした自己を整理し，発達する時間を保障せず，当事者に見切りをつけることを強いるのです。

当事者と実践者が，相互に尊敬し，相互に情報を交換し，相互にオープンで明確なコミュニケーションを行うことは，ソーシャルワークの質を向上させるために不可欠であることは，ソーシャルワーク研究のなかで指摘されてきました[55]。では，その相互の尊敬や情報交換を可能とする条件づくりはどのように進めることができるのでしょうか。その一つとして，ソーシャルワーカーが，コミュニティにおける他職種の専門家集団や地域自治集団に参加し，当事者とともに，そこで生じている課題を社会の課題として捉えることがあげられます。何度も強調しますが，社会福祉士や精神保健福祉士といった専門職能のみが，ひきこもりソーシャルワーカーとして実践しているのではありません。そうした資格を持たずにひきこもり当事者や家族と向き合っている人も多くいます。その人たちも，個々の課題を解決しつつ，個・集団・社会を変革するソーシャルワークを行なっているのです。そうした実践者集団が，地域の自治集団に参加し，その地域に生じている課題を住民の課題としていくことが，地域を変革する重要な方法となります。そのなかで，個々のひきこもり当事者とソーシャルワーカー，地域住民が育ちあう場と関係を創りあげることが可能となるのです。

和歌山県紀の川市で社会福祉法人一麦会が実践しているひきこもり当事者の中間就労の場〈創カフェ〉の利用者の多くは，そこがひきこもり当事者が実践する場と知らずに食事を楽しみにきています。そこで，カフェに置かれたパンフレットをみて，ひきこもり当事者が働いていることを知るのです。カフェでは，地域住民とともに，様々な催しを開催しています。その催しに参加した地域住民が，ひきこもり当事者の語りに耳を傾けるなかで，ひきこもりに対する理解を深めます。また，地元の高校生に解放することで，高校生cafeが運営されています。高校生たちも，ひきこもり当事者と自然に関わっています。

　"育ち合う場と関係"は，ソーシャルワーカーのみが創り上げるものではありません。その場を育てる主体は，当事者です。当事者達が，自治的に運営する"場"に多職種が参加し，それぞれが与えられた役割と仕事を遂行する協同的関係性を強めるなかで，"育ち合う場と関係"が創造されます。"育ち合う場と関係"は，イタリアの思想家アントニオ・グラムシが「退歩的な有害となった権威主義的順応化を破壊するためにたたかい，個性と批判的パーソナリティの発展局面を経過して，集団的一人間に到達する」[56]と述べる過程，つまり，人が制限から解放され，批判的パーソナリティを育てる"場と関係"となるなかで育ちます。その"場"に参加したメンバーが，職種や立場を超え，相互に批判しあい，自身が制限されてきた社会と向き合う力を育みあいます。

　長期にひきこもり，所属する学校や職場から排除された時，社会的なあらゆる関係から排除されかねません。家族の自己責任を追及してきた日本の社会は，家族にひきこもりを自己解決する責任を課し，社会に対しサポートを求めない「排除される構造」を残してきました。今，深刻な課題となっている8050問題のなかには，自身の子どものひきこもり状態を「恥部」として他者に相談できずにきた者もいるでしょう。家族内で生じた「恥部」を家族外に伝えることは，自身の家庭の「負け」を外に伝えることになるという思いを，「排除される構造」は強めてきたのではないでしょうか。家族の責任が追求されるなかで，家族が総体として権威主義的順応化の罠にかかり，自由を失っている現状があります。

　"育ち合う場"においては，「語りあう」ことが果たす役割が大きいことに気づきます。彼や彼女たちの語りを通して，ソーシャルワーカーや地域住民は，当事者達が語るその人の人生や生活と出会います。そこで語られるのは，自分が体験したことがない悲惨な出来事であるかもしれません。また，許すことができないいじめやハラスメントの事実であるかもしれません。ひきこもりソーシャルワーカーは，そこで語られた事実から，集団構成員が何を学び，どう育つかを組織する「育ちの組織者」となるのです。
　横浜・寿町のソーシャルワーカーであった須藤八千代は，寿町が「ソーシャルワークを創出した貧困が，原型のまま存在する場所であり生と死と病という人間の根源が剥き出しのままになっている場所」だからこそ「ソーシャルワーカーのアイデンティティが形成さ

れる」[57]と述べています。ひきこもりソーシャルワーカーのアイデンティティは，ひきこもり当事者とともに「どう生きていくのか」を獲得する"育ち合う場と関係"のなかで獲得されます。

　ひきこもりソーシャルワーカーは，そこで当事者達の語りにふれ，彼や彼女たちが「ふつうにやっていること」を知り，その「ふつう」を異常や不適応として認識しない価値観と，ソーシャルワーカーとしてのアイデンティティ（専門的自己）を育てます。当事者達の生存や発達，他者との関係が，新自由主義的管理や競争の下で阻害されているなかで，当事者達の語りのなかに生じる事実を日々の暮らしのありようから探る作業を可能とする場と関係が求められているのです。

　居場所等に参加せずに，ソーシャルワーカーやピア・スタッフのアウトリーチを受け入れて自宅での関わりを選択する当事者もいるでしょう。また，電話やICTを活用した関係を選択する当事者もいます。そうした選択を行った場合でも，当事者とソーシャルワーカーの間で，その"育ちあう場と関係"を育てることは可能です。例えば，リモート居場所は，その可能性を育てることができる場ではないでしょうか。それは，ただ，待つというのではなく，当事者のなかで，自室から出て，リアルな他者が集まっている居場所に参加したいという願いが育つしかけをつくりながら待つのです。

　"育ち合う場と関係"は，自分が他者からどう見られるのかという不安や，自分が他者に苦痛を与えるようなものを持っているのではないかという不安，自分の攻撃性が他者にどのように苦痛を与えているのかという不安と向き合うことを可能にし，究極的な孤立と向き合うことを保障します。もちろん究極的な不安と対峙するためには，彼らが参加する"場"に，当事者とひきこもりソーシャルワーカーとの間にフレンドシップライン（友人としての関係）が流れていることが必要です。

　ソーシャルワークにおいて，当事者とソーシャルワーカーが相互の距離をとる必要があることを論じる人にとっては，当事者とメールやSNSの交換をすることなどご法度だと考えるかもしれません。ひきこもりソーシャルワーカーのなかには，休日に当事者とともに釣りやキャンプを楽しんでいる人たちを見受けることがあります。そこには，支援者－被支援者の関係ではなく，同年代の友達としての関わり，つまり，フレンドシップラインが築かれています。こうした友達や少し前を行く人生の先輩と後輩としての関係性を築きつつも，プロスタッフとしての専門性を追求することが，ひきこもりソーシャルワーカーには求められるのです。

　ひきこもりソーシャルワーカーと当事者達が共同で育てる"育ちあう場"は，依存を排除する新自由主義的自立観を克服し，自立の強要と対峙するなかでこそ実践が可能になります。

5-3-4. 制限からの解放を目指すひきこもりソーシャルワークと協同的関係性

　ジュディス・L・ハーマンは，回復の第一原則を「その後を生きる者の中に力（パワー）を与えること」に求めています。ハーマンが指摘するように，その原則は「その後を生きる者自身が自分の回復の主体であり判定者」であり，「その人以外の人間は，助言をし，支持し，そばにいて，立会い，手を添え，助け，温かい感情を向け，ケアをすることはできるが，治療（キュア）するのはその人である」[58]ことを忠実に追求するなかで，実現が可能となります。

　ソーシャルワークの現場は，「人生が交わる場」であり，「人が生きにくさを抱えて暮らしあう場」でもあり，「様々な事情や歴史が存在する場」であり，「人の哀しみや苦悩，怒りや後悔，矛盾が交錯しあう場」です[59]。当事者は，その場で展開されるソーシャルワーク実践に参加し，その実践のあり方を追求します。彼や彼女たちは，そのなかで自身の尊厳や，社会との関係を見出します。そこでは，実践集団に参加したあらゆる者が「何をのぞみ，何をすべきか」を発言し，実践を創り上げることが保障されなければなりません。実践集団は，淘汰された専門家により結成される揺るぎない集団ではありません。その集団には，支援－被支援のラインではなく，同じ時代を生きる同年代の者たちの相互依存性（協同的関係性）が貫徹します。

　弱り切った家族が相談来所した時，その家族の困り切った様子を観察するなかで，なんとかしてあげたいという思いが強まると，そこに大きな誤りが生じます。専門職の気構えが旺盛なソーシャルワーカーが陥りやすい大きな誤りが「侵襲的介入」と「パターナリズム」です。産業化した「引き出し屋」だけでなく，良心的なソーシャルワーカーも，その誤りを犯し，家族が過度の期待を持ちかねない状況を生み出すことがあります。ひきこもりソーシャルワーカーは，目前にどのような困難な事態があったとしても，自身の機関で行なえることと行なえないことを明確に伝えるとともに，ひきこもりと向き合うのは，当事者であり家族であることを伝えなければなりません。

　ソーシャルワーカーは，当事者や家族が，いまある状態に向き合うことが可能となる条件を整備し，その向き合いを応援し育ちあう存在です。さらに，命の危機が真に危惧される場合を除き，当事者の同意なくして当事者が生活する空間に踏み入ることはできません。すぐに解決して欲しいと願う家族は，ソーシャルワーカーはあまり役に立たないという思いを持つかもしれません。ソーシャルワーカーは，当事者の人権を護り，当事者と社会との間に生じている矛盾を解決する方法を提案する使命を持っています。

　そこに生じるソーシャルワーカーと当事者の関係性を，相互に依存しながら自立すると

いう意味で相互依存性と表現しました。相互依存性とは，共依存とは異なります。共依存は双方が依存しあっている関係であり，共依存の関係に陥る支援者は，「支援する」対象である当事者達が目の間にいなくなってしまったら，自分が生きていく価値がなくなってしまうといった考えになることがあります。同様に，当事者達は，そのソーシャルワーカーがいないと自分は生きていけないと考え，ソーシャルワーカーを自分の苦しさのなかに巻き込もうとすることがあります。

　相互依存性は，お互いが相互に自立していく過程で，必要な時に他者に依存する関係です。ソーシャルワーカーは当事者に依存することはないという反論があるかもしれません。果たしてそうでしょうか。私たちは，常に，当事者がいないと日々の実践を展開できないという事実と出会っています。日々の実践現場は，ソーシャルワーカーのみで展開されるものではないのです。当事者の人生から様々な学びを行なうなかでこそソーシャルワーカーの育ちがあります。

5-4. 協同的関係性とひきこもりソーシャルワークシステム

　ひきこもりソーシャルワークは，各地域（障害保健福祉圏域）にひきこもり協同実践システムを創造する必要があります。人は，誰もが一人で生きているのではありません。一人で住んでいる人も，住んでいる地域の一員です。ソーシャルワークをシステムとして捉える時，その人，あるいはその家族の生存・発達，さらには暮らしを守る地域がどうあるべきかを考える必要があります。ひきこもりソーシャルワークは，当事者達と家族の実践がその地域でどう保障されるかを考える必要があります。

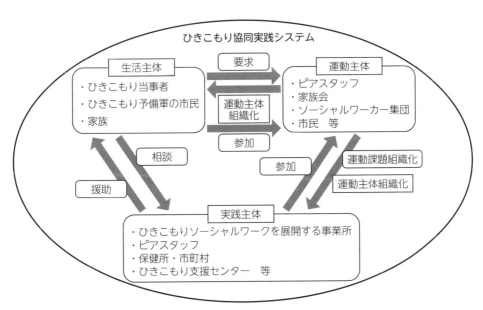

図31　ひきこもり協同実践システム

(筆者作成)

当事者や家族の生存・発達を護り，さらに彼らが活動する"場"の実践を守り育てるためには，その地域の実践者集団が，変革的な哲学をもつ集団として育ち，当事者と共に生活を創り上げることが求められます。また，当事者達や家族，さらに実践者の育ちが保障され，彼らの権利を護るためには，その地域に，当事者達や実践者とともに社会を変革する運動が育つことが不可欠となります。

　個・集団・地域（社会）を変革するソーシャルワークシステムは，当事者・家族・実践者・市民が相互に依存しあい，相互の役割を追求しながら自立することを目指す「ひきこもり協同実践システム」です。ひきこもりは，当事者・家族・実践者・市民がそれぞれの役割を地域（社会）で果たすことでこそ解決や緩和が可能になります。「ひきこもり協同実践システム」を構築する中心的な役割を果たすのが，地域のひきこもりソーシャルワーカーです。現状をみると，ひきこもり当事者や家族とどう向き合うのかをめぐって，地域の民間団体で働くひきこもりソーシャルワーカーと保健所や市町村のソーシャルワーカーとの間で多くの葛藤が生じています。

　ひきこもりソーシャルワークのなかで最も困難な課題が，ひきこもり協同実践システムの構築かもしれません。民間団体と公共組織との間で生じる葛藤を少なくし，地域にシステムを創り上げるためには，一つひとつの事例（実践）を共有し，事例（実践）から考えることが必要です。

5-4-1. 当事者・家族とひきこもりソーシャルワークシステム

　当事者は，ソーシャルワーカーと相談やアウトリーチを通して結ばれます。この結びつきが，当事者や家族としてのひきこもり協同実践システムへの参加の始まりです。当事者達は，自身の課題と向き合うために，その作業を行なう"場と関係"を築き，その"場と関係"を運営する主体となります。既に居場所として運営されているところであれば，その居場所が，"待つ場""育ちあう場"としての機能をもっているか否かを点検し，持っていない時には，そうした機能を持つ"場と関係"にしていく作業を，ソーシャルワーカーとともに行ないます。

　行政が運営する集いやデイケアも，その性格を持つ"場"としての実践に発展させる必要があります。行政が運営する"場"が，週に数日，月に数日の開催だったり，当事者が客体となるような適応的なプログラム優先の実践であれば，育ちあう"場と関係"を創り上げることは困難でしょう。ソーシャルワーカーは，当事者が実践主体となるために，それぞれの場の運営を当事者主体で行うことが可能となるように配慮する必要があります。たとえば，日々のプログラム作成に当事者が参加したり，その日の振り返りを当事者参加で行うといった実践への当事者参加を保障するなかで，それは可能となります。

　地域のひきこもりソーシャルワークシステムが当事者の声が反映されたシステムとなる

ためには，当事者や家族が，ソーシャルワーカーとともに運動に参加することが求められます。運動への参加には，様々な形態があります。SNS等を活用し，地域社会に向け，ひきこもり当事者の思いや生活，要求を伝えることもその一つです。また，家族会が通信を通して自らの思いや願いを市民に伝えるのも運動への参加でしょう。ソーシャルワーカーが核となり，行政等との協力関係を樹立し，当事者の思いや体験，要求を地域社会に向けて発信する取り組みもいくつかの自治体で行なわれています[60]。また，最近では行政のひきこもり関連の計画作成に当事者参加が見られるようになってきました。当事者は，まさに，運動主体として行政に発言しているのです。行政の取り組みへの当事者参加は，実践主体や運動主体が当事者に参加を呼び掛けるなかで可能となります。

　実践者や家族，さらに市民が，ひきこもりとの関わりで運動を組織し，その運動に当事者が参加する時，当事者が，まさに当事者の代表として参加しているといった認識をもつことにより，当事者がバーンアウトすることがあります。あくまで，ひとりの当事者として参加し，可能であれば他のなかまの意見を伝えるようにすることが，無理のない運動への参加となります。

5-4-2. ソーシャルワーカーとソーシャルワーク協同実践システム

　ひきこもり支援は，福祉の狭間にある課題と向き合う実践であり，かつ，医療や保健，教育，労働等の分野が深く関わる実践です。今日，困窮者自立支援法に基づく事業所や組織，各地の子ども・若者支援地域協議会に組織されている事業所や組織，社会福祉協議会や社会福祉法人，自治体等，様々な組織や団体が，ひきこもり支援を行なっています。

　そこで求められるのが，地域における各事業所・組織間の連携や協働を超えた協同的関係です。すべての事業所や組織が，私たちが直面している差別や搾取，排除にともに向き合い，当事者と家族の権利を護る地域実践集団となる必要があります。

　私は，当事者と家族の権利を護る実践集団を実践主体と捉えています。そうした実践集団が育つためには，まず，当事者達に学ぶことが必要です。ひきこもっている当事者から，ソーシャルワーカーは，多くのことを学びとることができるでしょう。ソーシャルワーカーをはじめ地域の実践集団は，当事者達の人生との関わりで明らかになった社会的な課題を学び取る必要があります。

　H.アンダーソン・H.グリーシャンは，「クライエントこそ専門家である―セラピーにおける無知のアプローチ」という文章のなかで，次のように述べています[61]。

　　セラピストとして私たちはつねになんらかの立場を取っていると思う。価値観からの完全な解放はあり得ない。それを（暗黙の）基準に行動しているのだと思う。私たちはセラピストの偏った見方をクライエントに押し付けることはしたくない。対話に

従事することで，セラピストとクライエントは，お互いの思想，価値観，見解にはたらきかけ，お互いを映し合っているのだから。対話の中に身を置くとは，他者を理解しようとする試みなのだが，それは意味と理解が「共に進化」（共進化）していく過程に参与していくことに他ならない。「共に進化」するのだから，クライエントの思想，価値観，見解のもつ「真実み，ロジック，正当性などにたいして，セラピストは開かれた姿勢を示す必要がある。また，「共に進化」するのだから，セラピスト自身の見解の正当性も交渉の対象とする意志が必要となる。

　「ソーシャルワーカーが当事者を支援し，当事者がソーシャルワーカーを教育する」ここに，まさに協同的関係，相互が影響し合い発達しあう相互依存をみます。協同的関係性は，実践者，当事者が相互に不自由から解き放たれるために必要な関係性であり，その関係性のなかでこそ，プロ・ピア双方の専門性が育つのではないでしょうか。この関係性を育てるために必要なのは，「当事者と実践者は，その新しい状況をいかに探り合うのか。いかに提示し合うのか」「複雑に変化する状況の記述は，専門職のみの見解で行なわれるのか」「新しい状況への個別の対応判断は実践者のみで行なうのか」といった実践的な問いかけを，当事者と実践者相互で行なうことです。

　今，ひきこもりの真っただ中にある当事者と家族にとって，ソーシャルワーカーは，法に基づき精神科病院に入院させる「人」として恐れられているかもしれません。また，親や家族の相談に応じて当事者に接触しようとするソーシャルワーカーは，邪魔な存在としてうつっているかもしれません。その当事者，家族，実践者が協同実践システムを築いていくためには，三者が「共に進化」しつつ，その重要な事業を進めることが，今求められています。

　「組織の長」が招集され，年数回の会議をもつ既存の各種協議会（たとえば，子ども・若者育成支援法による「子ども・若者支援地域協議会」や障害者自立支援協議会）は，必ずしも協同的関係を追求できていません。各地のそれらの協議会が当事者・家族・実践者によって組織され，三者が平等に参加し，「共に進化」する組織となる必要があります。

第6章

ひきこもりソーシャルワークと
アウトリーチ

　ひきこもりソーシャルワークにとって不可欠な方法の一つにアウトリーチがあります。ひきこもりアウトリーチは，ひきこもり当事者やその家族，さらにコミュニティが，今日の社会における制限から解放されるための実践の一環として行なわれるものであり，彼らの命や尊厳を奪うものではありません。ひきこもり事例のアウトリーチが曲解され，「連れ出し屋」あるいは「引き出し屋」と表現されるひきこもり産業が，少なくないひきこもり当事者の命や尊厳を奪ってきました。ひきこもりが長期化したり，そこで深刻な暴力が生じるなかで家族が憔悴しきったところを見計らい，「引き出し屋」は暗躍するのです。

　ひきこもりアウトリーチは，当事者が尊厳を見出し，人や社会との関係を見出す作業に参加することを目的とするものであり，医療を含めた，福祉，教育，心理等あらゆる実践者が連携した実践となることが求められます。そのアセスメントには，少なくとも，家族とピア・アドヴォケーターが参画し，客観的な基準に基づいた判断で行なわなければなりません。

　今後，当事者の命や尊厳を護るひきこもりソーシャルワークを展開していく上で，至急に取り組むべき課題がピア・アドヴォケーターの養成とその活動の保障です。自身がひきこもりと向き合い，今ひきこもっている人の少し前をいくひきこもり経験者がピア・アドヴォケーターとして育ち，アウトリーチアセスメントに参加するシステムが構築されれば，実践者の勘や経験でのアセスメントは克服されます。アウトリーチアセスメントが多職種や家族，ピア・アドヴォケーターが参加した集団で取り組む実践を可能とするなかで，当事者の権利が擁護されます。

6-1. アウトリーチ判断基準

　ひきこもりソーシャルワークにおけるアウトリーチは，第一に，アウトリーチを民間機関のみで緊急に行うことが妥当か，それとも公的な機関と共に緊急の介入を行うことが妥

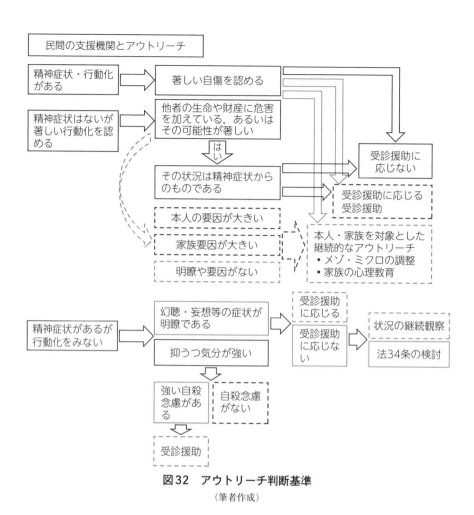

図32　アウトリーチ判断基準

(筆者作成)

当かの判断が必要です。第二に，緊急ではないが，積極的なアウトリーチが必要であるか否か，積極的なアウトリーチを行うことで逆効果が生じないか否かを判断する必要があります。さらに，第三には，どのような方法でアウトリーチを行うのが効果をもたらすかを判断する必要があります。ここでは，民間の支援機関がアウトリーチを行う場合について考えます。

　民間の支援期間が，そこに相談があった事例に対して，アウトリーチを展開するか否かを判断する時，その事例が，「精神症状・行動化がともに著しい」のか，「精神症状はあるが行動化を伴わないのか」「精神症状はないが行動化を認めるのか」を図32のように判断しなければなりません。その上で，現在の状況が，民間支援機関のみの対応，あるいは，民間支援機関が主として行なう実践で対応可能なものか（図では点線），公的な機関との連携が必要か（図では実線）を判断します。

6-2. 事例とアウトリーチ

アウトリーチは，当事者がひきこもる場にソーシャルワーカーやピア・スタッフが出向く実践です。当事者が最初から心地よく訪問者を受け入れることができるとは限りません。むしろ，激しい拒絶を示すこともあります。さらに，訪問者が帰った後に家族に対し興奮し，攻撃する事態が生じる可能性もあります。アウトリーチは，他職種によるアセスメントを実施した上で実施されるものであり，一人の実践者の思い入れで行なうものではありません。

ここでは，事例によって，ソーシャルワーカーはどのようにアウトリーチを組織することが必要かを考えます。

6-2-1. 著しい精神症状（妄想や幻聴）がある事例とアウトリーチ

ソーシャルワーカーは，家族や関係者から様々な場面で自宅への訪問を依頼されます。初めて相談来所した家族からは，「相談に来れないから一度来て欲しい」と要請されることがあるでしょう。また，支援を継続している当事者の状態が悪化した時には，その状態に耐えきれなくなった家族から「なんとかして欲しい」と要請されるかもしれません。

初めて相談に訪れた場合は当然，当事者とソーシャルワーカーの間に信頼関係ができていません。信頼関係ができていないにもかかわらず，性急なアウトリーチの判断を行なうべきではありません。もちろん，初めて相談に訪れた事例であっても，命の危険が迫っている場合には，当事者にとって予測もしなかったアウトリーチであっても，それを判断しなければなりません。ただし，その場合には民間支援機関のみならず，公的な支援機関と連携したアウトリーチが必要でしょう。

継続して支援し，当事者との間に信頼関係ができている事例に深刻な課題が生じてきた時や，その当事者のひきこもりが長期にわたり，二次的な障害が生じ，自宅での生活が困難になっている場合には，地域の支援機関がそのアウトリーチを担当することが必要となります。

ここでは，こうした事例，つまり地域の支援機関が行なうアウトリーチについて，その判断や方法を考えます。

著しい精神症状を前にした時，当事者が苦しんでいる精神症状を否定しないことがなにより大切です。幻聴や妄想で了解しがたい発言を行なったとしても，「そんなことはないはずだ」と否定するのではなく，当事者の苦しさを理解し「私にはわからないが，あなたはそう思うのだね。それは苦しいだろうね」と，苦しさを受容しつつ，「その苦しさを医師の前で話そうよ」と，受療につながることができるよう，説得に努めることです。

幻聴や妄想は，その体験がない人にとっては了解しがたいことかもしれません。しかし，

当事者にとっては，そこで体験している世界が「いま」の世界です。その世界を全否定されたならば，当事者はソーシャルワーカーとの間に信頼関係を築くことができません。誰もが突然に生じてきた「いま」に困惑しているのです。ソーシャルワーカーは困惑している当事者に寄り添い，彼らが自分の「いま」と向き合う方法を選択することができるように，精神科治療によって何がどう変化するのかを話す必要があります。

　著しい精神症状がある場合，早急に精神科を受診し，短期間の入院を含む適切な治療が，当事者の将来を切り拓くために，必要となることがあり，安心して安全に受診できるための精神科同伴受診を含めたアウトリーチを行なう必要があります。誰もが精神科受診に関して抵抗を感じています。ここで取り組むアウトリーチは，その抵抗をできる限り少なくし，受診を促すことを目指します。

　抑うつ気分がある場合のアウトリーチでは，当事者に自殺念慮があることが多いため，早期に医療保障を行なうことを目的とした介入が必要であり，アウトリーチを行なうことが必要です。しかし，当事者は，その介入を必ずしも望んでおらず，受療に応じないことが多いため，当事者の不安を聞きとるアウトリーチを繰り返します。また，自殺念慮がなくとも，学校や仕事等におけるストレスから抑うつ気分が生じている時や，長いひきこもり生活のなかで抑うつ気分が生じている時には，ひきこもりソーシャルワーカーが支持的な関わりを行なうことを目的としたアウトリーチが求められます。

　精神科受診歴の有無にかかわらず，著しい精神症状をみる時には，保健所や市町村の担当者とともにアセスメントを行ない，公的な機関による介入か，民間機関と公的な機関が連携して行なうのか，それともソーシャルワークを継続して展開してきた民間機関が行なうのかを判断します。そのアセスメントには，家族・ひきこもりソーシャルワーカー・保健所（市町村）等の精神保健福祉担当者が参加することが望ましいと考えます。
　著しい精神症状がある時には，権利侵害が生じやすいため，当事者の権利擁護を確実に行なうシステムの創造が必要です。そのひとつとして，ひきこもりアドボケーターをアセスメントチームの一員としたシステム化が求められます。

6-2-2. 長期にわたるひきこもりのために精神症状が生じていたり，不安や孤独感，喪失感が精神症状に結びついている場合

　ひきこもりが長期化している場合，訪問医療を展開する精神科医療との連携を進めるなかで展開される当事者との間で信頼関係を築くアウトリーチを繰り返し，本人の精神症状，身体症状のチェックを慎重に行ないます。この場合，当事者の深い孤独感や不安感を軽減するためにピア・スタッフのアウトリーチの同伴を活用し，当事者と取り組むことができるゲームや，ピア・スタッフと共通する趣味の語りなどを通して，当事者が苦しさを語ることができる時間を大切にします。

長期のひきこもり期間は，当事者以外の誰もが簡単に理解できる歴史ではないということを，ソーシャルワーカーは認識する必要があります。ソーシャルワーカーが当事者の苦しさに共感を示しつつも，先を急ぐ提案を行なうならば，当事者は自身が歩んできた歴史を否定されたかのように認識することがあります。ソーシャルワーカーの焦りは，当事者にとって逆効果になることがあります。まずは，当事者と共に過ごす時間（機会）をできるだけ多くもつことを目指すべきでしょう。もちろん，その時，長期にひきこもった生活を否定するような言動をしてはなりません。

この時期のアウトリーチを展開する地域の支援機関が活用すべき社会資源として，精神科訪問看護，居場所，家族会等があります。長期の実践となる可能性が強いアウトリーチでは，それぞれの機関や人が本人を訪問するのは逆効果となります。このため，地域の資源がそれぞれの役割を果たしながらもアウトリーチの担当者を限定して展開する必要があります。

さらに，ひきこもりが長期になればなるほど，家族が情緒的に巻き込まれている事例と多く出会います。「この子がいる限り死ねない」と思い，当事者のためにと世話を焼いている家族は珍しくありません。これは，日本の福祉が家族を含み資産とし，家族責任を追求するなかで生み出されてきた悲しい事実です。こうした家族が，少しでも楽になれるために，家族が集う場である家族会や，家族を対象とした心理教育など，家族を支える取り組みを充実させることが求められます。そうした資源を整える地域社会を創りあげるアプローチが，アウトリーチを進める上で不可欠となります。

長期にわたって他者との交流を絶ち，孤立した生活を続けている当事者は，著しい精神症状を示さなくとも，深い孤独感や喪失感から顕著な不安感を強め，家族も不安を強め高ストレス状態が生じ，双方の感情表出に課題が生じていることがあります。長期のひきこもり事例へのアウトリーチは，自らの深い孤独感や不安は誰にも理解してもらえないという感情をもつ当事者と家族に介入し，今ある状況と向き合う方法を考えるきっかけをつくることを目的とするアウトリーチです。精神状態のみならず，内科疾患などを併発していないかを判断し，その早期治療を保障することも目的となります。

6-2-3. 人格的特徴及びパーソナリティ障害や神経症のために自己像になんらかの歪みがある場合．ならびに，発達障害による二次障害としての抑うつや軽度知的障害の自己像把握の困難さがある場合

地域の支援機関が関わっている事例のなかには，境界性パーソナリティ障害，回避性パーソナリティ障害等の診断を受けた人がいます。また，診断を受けていなくとも，地域の支援機関を訪れるなかに，それらの傾向をもつ当事者達も多くいるのではないでしょうか。

そもそもソーシャルワークは，その人が，より良い人生，意味ある人生を追求すること

を援助する実践であり，人格上の特徴や障害を克服することを目的とする実践ではありません。

　人格上の特徴や障害をもつ当事者やその家族と関わる時に効果的なアプローチとして，解決志向アプローチという援助技術があります。解決志向アプローチでは，時間は移りかわり，すべての物事は変化すると考えます。人は変わると考え，その人が変わらないのは，その人が変わることができない，つまり発達を阻害する要因がその人に働いているからだと考えます。この考え方は，発達保障の考え方に通じるものがあると思います。

　アウトリーチにとって不可欠なのは，発達を阻害する要因を探り，その要因と向き合った時に生じる小さな変化を，当事者自身が発見できるように援助を行なうことです。解決志向アプローチでは，「小さな変化は，大きな変化を生み出す」と考えます。小さな変化は，その人が自身の人生と向き合う力となるのです。

　また，発達障害の場合，たとえば自閉症スペクトラムであれば，一次的には，こだわりが強く，コミュニケーションが苦手であり，空気を読むことが難しいという特性をもち，そこから生活上の困難さが生じます。これらの困難は，療育などの丁寧な教育的支援によって軽減することが可能です。さらに，二次的な障害として，過剰なストレスやトラウマが引き金となり，不安，抑うつ，緊張，興奮などが生じることがあります。

　発達障害からひきこもっている当事者の場合，二次的な障害ゆえに生じる暴言や暴力，自傷行為などからアウトリーチの要請が生じることがあります。この場合も，解決志向アプローチを活用することが必要でしょう。

　ただ，人格上の課題や発達障害の二次的な障害ゆえにひきこもっている事例の場合，当事者が納得してアウトリーチが開始されるわけではありません。当事者とソーシャルワーカーの間には，解決志向アプローチでいうビジター関係性が成立します。当事者が課題を解決しようと考えてソーシャルワーカーのアウトリーチを求めるのではなく，困惑した親が支援機関にアウトリーチを依頼し，それを実施するのですから，開始された段階では，当事者は，その実践に訪れただけ（ビジター）なのです。また，家族には，アウトリーチを依頼してきた段階では，当事者との関係がうまくいかないことに不服を言い，自分で解決できないことをソーシャルワーカーに解決してもらいたいと考えている状態があるかもしれません。これを解決志向アプローチではコンプレイン（不服）を言う人という意味でコンプレイナントと言います。

　こうした人格上の課題や，発達障害の二次的障害の当事者達や家族を対象とするアウトリーチは，他者と育ちあう“関係”や“場”の保障を目的とする必要があります。ソーシャルワーカーは，当事者との間に育ちあう“関係”や“場”を築くために，まず，アウトリーチの目的や期間を限定することが求められます。ソーシャルワーカーへの依存を極端に高めな

いためにも，漫然とアウトリーチを展開しないことです。例えば，当事者の自傷が激しくなり家族からアウトリーチの依頼があった時には，「当事者の自傷が激しくなっているストレス要因を明らかにし，そのストレスと向き合うために必要な当事者と環境の整備を行なう」ことにアウトリーチの目的を定め，期間も数週間に限定することが必要になります。

　また，当事者との信頼関係が形成されている地域の支援機関がアウトリーチを担当するなかで，なんらかの行動上の問題が生じてきた場合には，保健所等と連携してアウトリーチのアセスメントを立案し，信頼関係が形成されている実践者がアウトリーチを行なうことが望ましいでしょう。それは，どの事例でも言えることですが，とりわけ人格上の特徴をもつ当事者に対して突然出会った支援機関がアウトリーチする時，激しい抵抗が生じる可能性があるためです。

　人格的な特徴やパーソナリティ障害のある事例のアウトリーチを行う時，そうした事例と関わってきたソーシャルワーカーであればあるほど，それまでのソーシャルワークが無力であったことから「難しい」という諦めに近い思いをもつことがあります。こうした事例に関わる時に，まず大切なのが，実践の主体は誰なのかを認識することです。私たちは，実践主体はソーシャルワーカーであると考えがちです。しかし，私たちが展開するソーシャルワークは，その必要性を当事者に学んでいるがゆえに展開可能なものです。事例への介入にあたって大切なのは，当事者から学ぶ姿勢であり，技法です。ひきこもりソーシャルワーカーは，彼や彼女たちから，今，何が当事者達を生きづらくさせているのかを学び，彼や彼女たちがひきこもらざるをえなかった背景（多くは極度のストレスやトラウマ）を改善するソーシャルワークを，地域のソーシャルワーカーやスクールソーシャルワーカーと連携して行なう必要があります。

6-2-4．精神症状はないが行動化が著しい場合

　ひきこもりソーシャルワークは，顕著な精神症状は認めないが著しい行動化を示す事例と出会うことがあります。その事例では，親，なかでも母親に対して「自分をなぜ産んだのだ」「どうしてお父さんと結婚したのだ」といった攻撃を行なったり，用意した食事をひっくり返したり，自身の部屋に入って来ようとする母親に暴力をふるったり，電子財産を攻撃したり（とりわけサイバー攻撃：ハッカー等），何回も自傷を繰り返したりなどの行動化をみることがあります。こうした行動化の背景には，捉えどころのない不安や自身が置かれた状況への怒りがあります。

　こうした行為が生じた時，親は，子どもに対する腹立たしい思いを強めたり，深い困惑に陥ることでしょう。そればかりか，親もソーシャルワーカーも自身の無力さを感じることがあるでしょう。対応が困難で危機的な状態が長期化し，親や家族が憔悴しきったところに「引き出し屋」が暗躍するのです。

激しい暴力はなくても，暴言で母親を指図したり，母親の自由を奪うといった事例は，ひきこもりが膠着化するなかではよく見受けられます。ひきこもりのなかで，他者との交流を無くし，同年代の他者がいまどのような生活を送っているのかわからず，自分はどうしたらいいのかといった思いが高まり，自分自身に対する激しい怒りが高まり，虚無感に襲われることがあります。こうした感情が，他者を暴力的に支配する背景となることはDV研究のなかでも証明されています。

　たとえば，ドナルド・G・ダットンらは「虐待の心理的な種が，幼児の頃も含めた人生の非常に早い時期に蒔かれる」とし，「三つの明白な源」として「父親から辱められること」「母親との不安定な結びつき」「虐待の直接的体験」を指摘しています[62]。こうしたなかで育ってきた彼らは，強い不安，激しい落ち込みやあせり，著しい空しさのなかで，「①自分に自信を持てない。②生活の方向性が十分定まっていない。③支えになってくれる仲間が少ない」という，原田誠一が指摘する図33の「基本の三つのテーマ」[63]を持つのではないでしょうか。

　この三つのテーマは，地域の相談支援機関が，当事者の育ちを保障するソーシャルワーク課題を求める時に留意しなければならないものです。精神症状を伴わない行動化に対しては，彼や彼女たちが，その時に体験したトラブルや行き違いをコントロールする力を獲得し，トラブルや行き違いのコントロールを困難にする諸要因を克服するためのソーシャルワーク実践が必要となります。これは，自傷や他のアディクション等の行動化にも共通して求められる実践です。

　その実践も，侵襲的に彼や彼女の生活に介入することで可能になるものではありませ

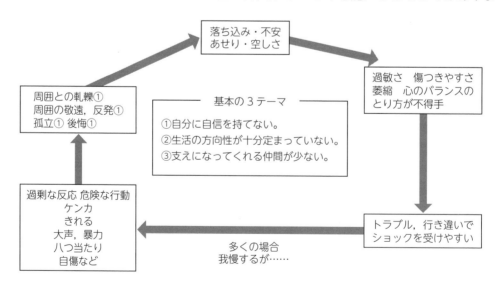

図33　悪循環の病態モデル

（原田誠一, 1999, 境界性人格障害の治療導入期の1技法―患者・家族の心理教育用の「境界性人格障害の病態モデル図」の紹介―, 臨床精神医学第28巻11号, p1353, 図2）

ん。ソーシャルワーカーに必要なのは，結果を急がず，彼や彼女たちが，今ある状況と向き合いつつ安心してひきこもることができる環境を作り，失った誇りを回復できる援助を行なうことです。

　著しい精神症状や行動化をみる事例と関わるソーシャルワーカーは，当事者の育ちを保障するためには，「集団としての実践」を進めることが必要です（「集団としての実践」については，「5-3. 制限からの解放を目指す」を参照して下さい）。また，その時々のソーシャルワークを実践者相互で点検し合い，残された課題があると判断した時には，家族に対してその課題について話すとともに，必要となる機関との連携を進めることが求められます。

　人の命や財産に危害を加える可能性のある事例においては，当事者を犯罪者にしないことが第一の介入目的となることがあります。その場合にも，地域で実践する支援機関が総体として介入する必要があります。NPO等の支援機関が事例を把握した場合であれば，保健所や社会福祉事務所等の公的な支援機関によびかけ，アウトリーチアセスメントを行ない，警察に協力を求めることも必要となる場合があります。アウトリーチアセスメントは当事者の家族，地域支援機関，公的支援機関が連携して実施します。
　アウトリーチにより，家族がその思いを語ることができるようなソーシャルワーカーとの関係を作り上げるとともに，家族が自身の思いを語ることができる自助集団を形成することが求められます。自助集団には，その実践体を活用している親や家族の自助集団であったり，その地域の自助集団であったりと，様々な形のものがあるでしょう。親や家族が活用しやすい自助集団を形成し，その運営を補助することが，ひきこもりアウトリーチの一つの課題となります。

　次は，著しい行動化のひとつに自傷があります。自傷が深刻なアディクションとなり，自己の生命になんらかの影響がある場合には，適切なアウトリーチが求められます。薬物の常用や，繰り返される自傷等は，アディクション事例として考えることが必要です。こうした行為は，徐々に頻度や強度を強めていきます。彼や彼女たちのこうした行為は，死を招く危険性を持っています。
　ひきこもりソーシャルワーカーが自傷事例のアウトリーチを行う時には，どうしても，その行為をやめさせたいとの思いから，禁止の言葉をかけてしまうことがあります。ソーシャルワーカーは，楽しくてその行為に及んでいる人はいないことを認識しなければなりません。彼や彼女たちの自傷には，その行為に及ぶなんらかの背景が存在します。同僚や友達との関係をつくり難いという事実が自傷を生み出す背景になっていることもあります。学校や職場等で孤立することで自傷が生じている可能性もあります。

　自傷やその他のアディクションにより，自身の生命を危機に陥れているような事例への

アウトリーチにおいて，アウトリーチの求めが本人からであれば，援助を求めることができたことを賞賛すべきでしょう。ただ，多くの場合，自分から援助を求めることはできません。多くは困惑しきった親や家族からの求めによるものです。この場合，当事者達は，親や家族が行なった援助の求めを好ましく思わず，ソーシャルワーカーを受け入れないことが多いでしょう。

その場合，ソーシャルワーカーは，本人に直接かかわるのではなく，親や家族との関係を築くことで，彼や彼女たちが，早急の精神科治療を必要とするか否かを判断する必要があります。

松本俊彦は，その判断基準を，自傷との関わりで「①自傷行為をやめたいのにやめられない，または，自傷行為がもつ『心の痛みに対する鎮痛効果』が著しく低下している，②自殺目的で自傷をしている（実は，これは立派な『自殺企図』である），日ごろから『死にたい』という思いがある，③自傷行為の前後に『記憶が飛ぶ』現象（『解離性健忘』）が認められる，④摂食障害をはじめとする，他の精神障害が併発している，⑤アルコールや薬物（市販の感冒薬や鎮痛薬も含む）の乱用がある，⑥性的虐待の被害を受けたことがある」[64] に求めています。自傷事例のアウトリーチを行った時，まずは，親や家族に，こうした事実を聴取する必要があります。

さらに，自傷事例の親や家族の支援を進める時には，解決志向アプローチが効果をもたらします。解決志向アプローチには，いくつかの技法がありますが，自傷事例との関わりではスケーリングクエスチョンという技法を活用することが可能です。これは，小さな変化を見出すために活用する質問方法です。自傷行為やアディクションは，親や家族の対応によりその状況がより深刻になることがあります。今生じていることを否定的に捉え，当事者にその行為を止めるように厳しく言うことで，当事者が反応を起こし，深刻化することがあります。一方，当事者に起こった変化を肯定的に捉える力を家族が持つならば，当事者のなかに，自身の行動をみつめることができる可能性が育ちます。私は，親や家族に対して「一番いい時を10点，一番悪い時を0点としたら，今何点ぐらいですか？」という質問をします。この質問は，小さな変化を肯定的にとらえ，当事者との間に生じるストレスを軽減することを目的とするものです。

この時，どうしても「では，少し点数をあげるためにはどうしたらいいでしょう？」と，親や家族の行動変容を目指した質問をしがちですが，このアプローチは，行動変容を目指すものではありません。逆に，当事者の現状を否定的に捉えることを導く可能性があります。もちろん，親や家族が採点した点数の根拠を聞くことはあります。それは，小さな変化を肯定的にとらえるためのものです。アウトリーチを繰り返すなかで「先回訪問した時から今日までの間で最もよかった時は何点くらいでしたか」と質問し，その時の親や家族と当事者との関係を尋ね，そこで生じた肯定的な変化を評価することで，少しずつの変化を見出すことが可能になります。

6-2-5. 膠着化したひきこもり事例の場合

　地域の支援機関が出会う事例のなかで多いのが，精神症状も行動化もないけれども，ひきこもりが膠着化している事例です。その多くが，長期のひきこもりであり，高齢化し40歳を超えた人もいます。今日「8050問題」と言われるような老親とひきこもり当事者が共に孤立した生活を送っている事例もあります。その問題が認識されたのは，飢えと寒さのなかで82歳の親と52歳の娘が孤立死した札幌の事件[65]に端を発します。

　長期にひきこもっていることにより，人として生きる上で必要な条件や力が奪われることがあります。一つは，適切な運動を行なわずに自室や自宅にひきこもり，親が作った食事は食べずに自室でカップ麺などを食べ続けているため，どうしても健康が阻害されます。また，長期のひきこもりにより，ストレスが高じ精神保健上の課題が生じることが多く報告されています。二つは，ひきこもり期間の平均がKHJの調査で12年を超えることが報告されているように，思春期や青年前期からひきこもった場合，他者と関わるなかで育つ機会が長く奪われることになります。三つに，長期のひきこもりは，働く力を奪いかねません。他者と関わり，様々な約束を守りながら，同僚の存在を気づかい，上司の命令に従うなどの力が，長期にわたり他者との関係をもつことがないことで奪われるのです。

　こうした事例には，地域にある関係支援機関の連携した継続的なアウトリーチが効果的です。その際に，なによりも大切なのは本人との関係を築くことですが，それには長い年月が必要です。本人と直接会えずドア越しに何年も語りかけ，徐々に本人との間に信頼関係を築いてきた事例もあります。彼や彼女たちのなかには，他者に自分の体験が「わかる」ことはありえないという思いを持っている人もいます。その人たちにとっては，自分のことを否定せずに，少しでも理解してくれるソーシャルワーカーは，受け入れることができる存在となります。しかし，逆に，親や家族の代弁者となり，自分のことを否定するソーシャルワーカーを，自分の世界に受け入れることはできません。

　ソーシャルワーカーは，事例との関わりで明らかになった地域の課題を，その地域のソーシャルワーカー集団で共有する必要があります。障害者自立支援協議会や子ども若者育成地域支援協議会がその役割を果たすのではないでしょうか。ただ，それぞれの組織や集団が，そこで生じてきた要求を制度化する運動（ソーシャルアクション）を生み出さずに，おざなりな「協議」を繰り返すならば，単なる愚痴を言い合う「あつまり」で終わってしまいます。

　膠着した長期のひきこもり事例と向き合う時，家族を援助する仕組みをどう作るのかが最も問われます。家族が高齢化している場合，家族自体が有する介護ニーズを中心とする援助ニーズがあります。そこでは，当事者に対して働きかけるアウトリーチではなく，親やきょうだいの援助を目的とするアウトリーチのニーズが多く生じます。親やきょうだい

の援助は，ひきこもりソーシャルワーカーが直接担当するのではなく，地域包括支援センターと支援方法を検討することが必要です。地域包括支援センターにアウトリーチを依頼することは，ひきこもりソーシャルワーカーがそこから手を引くことではありません。ひきこもりソーシャルワークは，地域のあらゆる資源が関わるなかで実践可能となります。親やきょうだいの支援は，当事者との間に生じているストレスの軽減，当事者に対するスティグマ，さらには自己に対する「ひきこもりの親だから」というスティグマを克服し，当事者との間に生じるジレンマを克服する支援にする必要があります。

　さらに，長期のひきこもり事例のなかでも，居場所に参加したいというニーズがある場合，居場所の保障が課題となります。現在，実践展開されているひきこもりの居場所は，構成年齢が若年であることが多く，参加に抵抗がある可能性があります。そのため高齢のひきこもり当事者が参加しやすい居場所を新たに創り上げる必要があり，ひきこもりソーシャルワーカーには，制度創出の運動を組織する役割があります。

　ひきこもりが膠着状態にある当事者や家族には，それまでに形成されてきた家族の姿があります。その家族の関係や力動を外科的に壊すことはできません。ひきこもりソーシャルワーカーの実践課題は，そこにある家族の姿を尊重しつつ，親亡き後の援助を考えることにあるかもしれません。
　ひきこもりは，法や制度の狭間にある問題です。社会の構造に問題があるがゆえに生じてきた課題ですから，社会的責任の下で解決しなければなりません。しかし，国は，その社会的課題を「自助」や「共助」で片づけようとしています。私たちが相互に助け合うことは，もちろん大切なことです。しかし，そこにある社会的な問題に目をつむり，共に助け合うことのみを重視する自己責任の押しつけは，権利としての福祉を創り上げるものではありません。

第7章

ひきこもりソーシャルワークの評価

　福祉の市場化が進む現在，法の狭間にあるひきこもりソーシャルワークは，様々な補助事業を活用し，展開する必要があります。その際に，行政等による事業評価で求められるのが，どれだけの仕事をしていて，どれだけの効果があったのかを示すことです。ソーシャルワーカーは，その評価基準に矛盾を感じるのではないでしょうか。「数や量で表すことができるものではない」「当事者を対象とした支援であっても，その背景に家族支援もある。一つ一つ分けて考えることはできない」といった矛盾や葛藤を感じつつも，数値目標に基づき結果を出さなければならないことへの苦闘があります。

　本来，ひきこもりソーシャルワークの評価とは，ひきこもり当事者や家族の支援から，ひきこもりの当事者集団や家族集団や地域の課題に対するソーシャルワーク，さらには，社会の制度や政策の整備を目指すソーシャルワークを総体として評価する作業を言います。そこでは，まず，個（当事者・家族），集団（居場所・家族会），地域（コミュニティや広汎な社会）の支援を行なうソーシャルワーク実践がどのように展開されているのかを評価します。合わせて，“場と関係”（“待つ場と関係”と“育ちあう場と関係”）における，当事者と家族，実践者の育ちや関係性がどう保障されたのか，ソーシャルワーカーがどう育ったのかを評価する必要があります。ひきこもりソーシャルワークは，当事者と家族のみを対象としているのではなく，コミュニティとどう関わり，コミュニティにどのような変化をもたらすのかを追究する実践ですから，ソーシャルワークを通して，彼らが生活しやすいコミュニティをどう築きあげようとしているのかを評価する必要があります。

7-1. 安心してひきこもりつつ育つ実践を準備できつつあるか

　ひきこもりソーシャルワークが目指す「安心してひきこもりつつ育つ」とは，当事者がなんら葛藤せず，外部からの刺激を受けずにひきこもり続けることを意味するのではありません。「安心してひきこもりつつ育つ」に修飾語をつけて説明するならば，「自己の課題

と向き合い，一定の答えを出す取り組みを，時間をかけて行い，社会と対峙する力をつけるひきこもり期間を保障する」ことを意味します。

この実践が可能になっているかどうかを評価する時には，当事者や家族の育ちを保障する"場と関係"を創造し，運営できているか否かを評価する必要があります。

7-1-1. 当事者や家族の育ちを追求できているか

ひきこもりソーシャルワークは，当事者達が心身の機能や自尊心，社会的役割，人生そのものを回復するなかで，社会に参加する力を獲得することを目指す実践であり，それは，それぞれの状況や要求に応じたオーダーメイド型の実践として展開されることが必要です。

オーダーメイド型実践の評価は，家族支援→個人的支援→中間的過渡的な集団との再会→社会参加といったショートステップ型の実践で求められる，その人がどの段階に至ったかを評価するものではありません。オーダーメイド型の実践は，既定の到達点を定めるものではないのです。家族支援を数年間行なう必要がある方がいれば，中間的過渡的な集団に参加した後に再度ひきこもる方もいる，というように，極めて個人的で独特な過程が，ひきこもりソーシャルワークの過程です。

たとえ，家族支援が数年に及んだとしても，そのなかで，家族や当事者になんらかの育ちをみることがあります。また，居場所など中間的過渡的な集団に参加した後に再度ひきこもったとしても，それは，彼や彼女たち自身が選択したことであり，そのなかに貴重な育ちをみることがあります。そうした貴重な育ちを大切に評価するのが，オーダーメイド型の実践における評価です。

ひきこもりソーシャルワークの評価においても，当然，当事者や家族が，地域社会を含めた社会（環境）への参加や，その変容に主体的に関わることを可能としつつあるかを問う必要があります。その評価において大切なのは，すべて「つつある」という進行形の言葉を使用し，「できるようになった」「できた」という完了形の評価を克服することです。そこでは，当事者達や家族の可能性がどう高まったのかを大切にします。

もちろん，社会参加や変容への関わりにおいては，当事者や家族が，自分の生活を少しずつ広げつつあるのかを確認することが求められます。例えば，当事者であれば，夜遅くに自宅近くのコンビニに出かけることができるようになるのは，社会参加への大切な一歩です。また，当事者会（web当事者会も含む）に参加し始め，自分たちの生きづらさについてメンバーで話し合うことは，社会変容への一歩ではないでしょうか。また，家族であれば，一人で悩んでいた家族が，ソーシャルワーカーの支援により他の家族と出会い，お互いにしんどさを語りあうことが可能になるのは，社会参加の重要な一歩です。

誰もが，一足飛びに，社会に向けて大きな声でひきこもりに対する偏見や差別をなくす

ように発言することが可能になるのではありません。当事者や家族は，それぞれに固有の可能性をもっています。その当事者や家族に，「揃ってここまで来て欲しい」と号令をかけるのが，ひきこもりソーシャルワークではありません。ここで大切になるのが，アマルティア・センの潜在能力アプローチと言われる福祉観です。センは「潜在能力アプローチは，主として『価値対象』を明確にすることに関心があり，機能や『潜在能力』を評価空間として用いる（中略）潜在能力アプローチが功利主義者，もっと一般的には厚生主義者の評価と異なる点は，（単に効用をもたらすからとか，効用をもたらす程度に応じてというのではなく）様々な行為や状態，それ自身が重要であるとする余地を残しているところにある」[66] と述べています。センの福祉観に立つと，社会参加や変容への関わりは，当事者や家族が，自身の制限と関わり始め潜在能力が高まり，生活の自由度が増すようになると考えることができるのではないでしょうか。

　ひきこもりソーシャルワーカーが関わるなかには，数年あるいは数十年にわたって，ひきこもり状態が継続する事例もあります。真面目なソーシャルワーカーほど，自身の力量が不足しているがゆえに，当事者達がその状態を克服できないと捉えがちです。ひきこもりは，それほど簡単に「克服」されるものではありません。たとえ外に出て，就職することができたとしても，その人の"生きづらさ"は継続しており，再度ひきこもる可能性もあります。そうした人たちの人生と関わるソーシャルワーク，ソーシャルワーカーには，彼や彼女たちの生涯と向き合うことが求められます。彼らの生涯と向き合い，その"生きづらさ"と向き合うひきこもりソーシャルワークは，たとえひきこもり続けていても，人生をどう送っているのか，先日までと変化しているところはどこなのかをポジティブに評価し，その可能性と向き合います。

　あるソーシャルワーカーは，ベッドで寝転んでソーシャルワーカーを迎えていた人が，ベッドに座ってソーシャルワーカーを迎えるようになった変化に強く感動し，「彼は，ベッドに座りソーシャルワーカーを迎えてくれた。今まで，布団をかぶっており確認できなかったが，ひげ面の彼は，思ったより上背の大きい人だった。訪問を始めてから8か月目に彼が座る姿と出会った。」と記録しました。それは，他者からみればほんの少しの変化からもしれませんが，当事者にとっては大きな変化です。布団をかぶっていた当事者が，ベッドに座ってソーシャルワーカーを待つようになったことを，ソーシャルワーカーや他者との関係をつくろうとしつつある姿として評価すること。そこに当事者の可能性を見出し，少しずつでもベッドから離れ，自分の部屋から出ることを目指す支援が展開されます。

　毎日のように居場所に参加し，それが6年も経過しつつも，他者との交流が苦手で，ずっと壁を向いている人がいました。彼は，居場所で取り組んでいた軽作業にも参加していましたが，ほとんど会話しない日が続いていました。そんなある日，新しく参加した当事者に無言で作業を教えている彼の姿をみることができました。彼は，新しく入ったなかまと

身体で会話していたのです。彼が，言葉で他者と関わるようになったのは，さらにその3年後でした。ひきこもりソーシャルワークは，この少しずつの変化を確実に捉え，評価しなければなりません。

7-1-2. ソーシャルワーカー集団の育ちが保障されたか

ソーシャルワーカーは，実践現場で、当事者や他の実践者と共に揺らぐことで，その育ちが可能となります。もちろん，その実践現場で自身の実践が常に否定されていたならば，ソーシャルワーカーとしての育ちや人間としての育ちは困難でしょう。ソーシャルワーカーが，「これでいいんだ」「自分の考えや行動は認められているのだ」という思いを強め，専門職としての育ちを可能にするために必要なことは何でしょうか。

私たちソーシャルワーカーは，明らかにコミュニケーションを媒介にした実践者です。二宮厚美は，「発達保障労働は，相互了解・合意としてのコミュニケーションを軸にしているために，了解・合意が不全状態に陥ったときには，互いが互いの発達を担う精神代謝労働に一種の目詰まり現象が生まれ，苦悩・葛藤・焦燥・焦慮などが生まれてくるのです」[67]と述べています。ソーシャルワーカーは，ひきこもりの事実と向き合い，当事者達が社会の主体となるために，実践の哲学・価値・方法を検討し続けなければなりません。ひきこもりソーシャルワークの実践は「生まれもった人間的な能力を最大限に発達させる権利」を保障する実践です。このソーシャルワーク実践は，まさに，コミュニケーションを媒介とした発達保障労働と言えます。その労働（実践）のなかで，ソーシャルワーカーは，自身の存在や価値が認められたり，時には，否定されたり，感情の表出を受け止められたり，制限される体験を行いながら育ちます。この体験のなかで，同僚ソーシャルワーカーをモデルとしたり，同僚と支えあったりします。そのなかで，同僚との間に，「相互了解・合意」が生じ互いに育ちあうのです。

ひきこもりソーシャルワークは，当事者，ピアスタッフ，プロスタッフ，地域住民などが，それぞれの立場から参画し，それぞれの実践上の役割を見出し，責任を果たす実践です。実践過程では，立場の違いによる矛盾が生じることもありますが，その矛盾は，「要求の一致を確認し合いながら働きかけ合う」ことで，新たな関係性を生み出す力となります。

差別からの解き放ち，抑圧からの解き放ちを教育学から追求してきた小川太郎は，「教師から子どもへ，子どもから教師へ，教師から父母へ，父母から子どもへと，三者が人間としての要求の一致を確認し合いながら働きかけあう中で，教師・父母・子どもの集団は統一的な教育集団へ成長していく」[68]という言葉を残されています。これは，今日、実践者として実践現場を捉える視点を育てる哲学の基礎となるものではないでしょうか。

7-2．当事者・家族の個の課題とどう取り組めたか

　ひきこもりソーシャルワークは，集団や社会の課題はもちろんのこと，個々の課題との対峙を軽視してはなりません。当事者が葛藤し，躊躇しながらも，ソーシャルワーカーの前に現れたのは，「自分の生きづらさをなんとかしてほしい！」という切実なニーズをもっているからです。

　ソーシャルワーカーが，個々の生きづらさと向き合う時，親子の関係や上司との関係を調整することで解決が可能な場合もあるでしょう。しかし，生きづらさの克服が関係調整で困難な時には，彼や彼女が生きやすい環境を創造することが必要となります。個の課題の評価は，まず，関係の調整と共に，この新たな環境（資源）の創造にどのように取り組めたのかを確認することに求められます。

　たとえば筆者が参加する社会福祉法人一麦会（麦の郷）が運営する「ひきこもりサポート事業『麦の郷ハートフルハウス創』」では，当事者達のニーズにあった緩やかな居場所と中間的就労に位置づけられる創カフェを運営しています。そこは，「自分自身の生き方を模索しているけど、ひとりではどうしたらいいかわからない」「何か社会とのつながりや自分の居場所を探しているけど見つからない」など様々な悩みや生きづらさを持った若者（家族）が相談し，働くことができる場所です。この居場所と中間的就労の場は，今の競争主義的な社会での一般就労に「No！」を突き付けた人たちが，自分たちで自分たちを育てる場所として創り上げた環境（資源）です。

7-2-1．自室での生活を維持している人を対象とするソーシャルワークの評価

　家族や周囲の人の願いと反し，自室での生活を維持する人たちは，ひきこもりソーシャルワークの大切な対象です。長期にわたってひきこもっている人のなかには，ソーシャルワーカーの支援を受け入れることが困難な人もいます。ひきこもりが長期にわたっている人とその家族は，援助希求力という点でもいくつかのタイプに分けることができます。

　まず，当事者・家族ともに援助希求力が高い場合，つまり，それは様々な事業所や機関・組織に，いまある問題を相談し，なんとか解決したいと願う当事者・家族です。そうした当事者達のひきこもりが長期化している場合には，その人たちを護る社会資源の不足を点検しなければなりません。ひきこもりの社会参加を可能にするためには，"場"（"待つ場"と"育ちあう場"）と，"場"における当事者とソーシャルワーカーや当事者相互の協同的関係，さらには中間的就労の場，住まい等の資源や家族を対象とする家族会等の集団が保障される必要があります。その地域に，それらの資源が不足している時には，当事者や家族の援助希求が高くとも，地域におけるソーシャルワークは効果を及ぼしません。

では，当事者に高い援助希求力があり，家族の援助希求力が低い場合はどうでしょう。成人になったひきこもり事例の場合には，自分の力でその状態を切り抜けることが可能です。自分が，今の状況と別れを告げたいと考えた時に，その当事者が訪れる事業所や機関，組織が明確になっていれば，自分から支援を求めることができます。ただ，ひきこもりが長期に至っている事例の多くに，当事者，家族の双方ともに援助希求力の弱さを見ます。この援助希求力の弱さは，それぞれの個人や家族が持っている生理的な問題ではありません。社会的に援助希求力が低められてきているのです。

　たとえば，親が勇気を出して相談に行った先で，「お父さん（お母さん），あなたの対応にも問題がありますね」といった言葉が伝えられたならば，より自分を責め，どこに行っても同じ答えが返ってくるばかりだと，諦めや絶望感が生じるでしょう。

　ひきこもり生活が長く続いている場合，とりわけ，同年代の甥や姪がいる場合には，自身のきょうだいにも相談できずにいることがあります。さらに，職場でその事実を明らかにし，同僚に相談することは，至って困難な課題です。自己責任論が強まるなかで，ひきこもりを家族にもつことへの自責感が強まり，相談することができないなかで孤立感が進み，不安な日々が続きます。

　さらに，ひきこもりに対するスティグマの強さが，援助希求力を弱めている事実があります。ひきこもりに関するなんらかの事件が発生すると，至ってセンセーショナルな報道が行なわれます。そのなかで「自分のように長くひきこもっている子どもをもっている親が，子どもを殺してしまった。自分もそうなるかもしれない」といった思いをもっても不思議ではありません。なんとかしなければという思いから相談に来所すればいいのですが，逆に自分の家にもひきこもりがいることをバレないようにしようと，ひた隠しにすることになります。

　ひきこもりソーシャルワークでは，こうした人たちをソーシャルワークの対象にできているかを評価しなければなりません。

　当事者や家族から相談があり，ひきこもりソーシャルワークを開始する出会いの局面で，いくつかの事業所や組織に過去に相談し，その状態が長期に継続していることが明らかになった場合には，過去の実践がどのように展開されていたのかを分析します。そこでは，過去の実践で効果をもたらさなかった要因を明らかにし，現在のソーシャルワークでは，その課題を克服できてきたのかを明らかにします。

　また，今までにどこにも相談できていなかった人の場合には，当事者や家族の相談や援助を求める力を分析する必要があります。もともとその力が不足している場合と，その力

や意志はあっても周囲のスティグマが強いために出し切れていない場合とがあります。もともと力が不足している場合には，当事者や家族が主体的に相談できるようになりつつあるのかどうかが問われます。そうだとするならば，どのような方法でそうなったのか，そうでないとするならば，当事者や家族の主体性を引き出すことができなかったのはどこに問題があるのかを評価します。さらに，もともと力はあるが，周囲のスティグマとの関わりで力を出し切れていない場合には，スティグマと向き合う力をどう形成したのかが，ソーシャルワークの評価点として問われます。

7-2-2. アウトリーチを受け入れ始めた人を対象とするソーシャルワークの評価

　次に，アウトリーチを受け入れ始めた当事者や家族に対するソーシャルワークの評価について考えます。そこでは，まず，そのアウトリーチが，当事者や家族の生活を脅かすものになっていないかどうかを評価します。私は，侵襲的介入という言葉を使用しますが，侵襲的介入は，いくつかの要素により構成されます。

　まず，ある日，なんの前触れもなく当事者のところを訪問することはその典型です。多くの場合，当事者のことを心配した家族が，なんらかの事業者（その多くはひきこもり産業と言われる「引き出し屋」です）に相談に行き，そこで得られる「任せなさい。私たちがなんとか引き出します」という言質に一縷の望みをかけ，事業者に依頼するなかで生じます。もちろん，そうした事業者のみでなく，家族から当事者が拒否的であるという相談を受けた事業所や機関が，「ひとまず，訪問しましょう」という言葉をかけ，良かれと訪問を開始する場合もあります。この場合も，前触れのない介入ですから侵襲的介入です。

　次の要素として，当事者との関係ができ，訪問を開始していた後でも，当事者の心を傷つけるような介入を行うならば，それは，侵襲的介入となります。これは，アウトリーチの効果を評価する時に重要な点となります。当事者や家族との関わりのなかで，膠着した状態があり，たとえば「いつまでもこのままでいたら大変なことになるよ」といった言葉を使用するならば，それは，脅しとなり，当事者や家族の不安を増長することになります。こうした脅しの言葉を，膠着した状態のなかで使用することも侵襲的介入と言えます。

　さらに，侵襲的介入として，自由が制限される状態を権力的に生じさせる介入があります。代表的なものが，精神保健福祉法第34条の移送制度の活用です。それは，長期にひきこもり精神科治療を受けていないという理由のみで強制的に医療保護入院のための移送を行なおうとする制度です。職務上，移送制度の活用を図るのは，保健所や都道府県，政令指定都市に勤務する精神科ソーシャルワーカーです。精神科ソーシャルワーカーもひきこもりソーシャルワーカーの一人です。移送制度の活用を行なおうとする時，それは，ひきこもりソーシャルワークが権力を行使する時です。

　では，アウトリーチを受け入れ始めた人と関わるソーシャルワークは，何をどう評価す

ればいいでしょうか。

　まず，第一に，そのアウトリーチを受け入れてから，当事者や家族がどのように変化しつつあるのかを評価しなければなりません。もちろん，「どうなったか」を評価するものではありません。何度も強調しますが，「どうなりつつあるか」が重要です。

　第二に，当事者や家族にアウトリーチの了解を得る努力を行なったのか，その努力をせずにアウトリーチが行なわれたのかを評価する必要があります。了解を得ずに開始したアウトリーチによって，当事者が自室から出たとしても，効果は長続きしません。当事者は，アウトリーチを行なったソーシャルワーカーの介入を怖れ，恐怖感から一時的に外に出たのかもしれないのです。

　第三に，当事者の了解の上で行なわれているアウトリーチであっても，展開過程で，なんらかの侵襲性が存在しなかったかどうかを評価することが必要です。例えば，自室にひきこもっている当事者とドア越しの対話を数年行い，ようやく自室に入ることができた人が，「これでもう外出に誘うことができる」と確信したものの，その後再び自室に入ることができなくなることがあります。時間をかけて本人との距離をどうとるのかは，ソーシャルワーカーの力量が最も問われるところです。

　第四に，その時々のアウトリーチの展開方法と反省を集団で行うことができていたかどうかについての評価です。ソーシャルワークの展開過程で，アウトリーチの当初の目的に変更が生じることがあります。例えば，継続したアウトリーチによる居場所への誘いを目的としていても，アウトリーチ当日に，当事者になんらかの危機が生じた時には，急遽，目的を変更しなければなりません。この時，いったん事業所に帰って指示を仰いでから危機介入を実施するソーシャルワーカーはいないでしょう。ただ，介入の後で，実践者集団で実践を検討する必要があります。

　第五に，そのアウトリーチを，地域のどの機関や組織と協同し行なったかを評価します。アウトリーチを実施するためには，地域の関連する事業所や組織、団体さらには家族とのアセスメント検討が実施されていることが絶対条件です。地域のどの事業所，組織，団体とのアセスメントをいつ行ない，アセスメント結果を家族に提示するアセスメント検討会議がいつ行なわれたのか。検討の結果がどうであったのか。結果に基づいたアウトリーチが行なわれたのか，を評価しなければなりません。

7-2-3. 居場所に参加する人を対象とするソーシャルワークの評価

　まず，居場所とは，就労自立への通過点でも，ただそこに滞留する場所でもないことを明確にしておかなければなりません。居場所の形態には，福祉事業所が運営する日常的に開催されている居場所や，行政等の組織が運営する不定期に開催される居場所，ピア・グループによって開催されているweb上の居場所など，様々なものがあります。居場所には卒業はないのです。それは，"待つ場"と"育ちあう場"として機能する"場"であり，そこには，自分の育ちを保障するなかまがいて，就労自立したり，結婚した後でも，その

なかまと関わり，自身の力で自分の発達課題を再確認できる"場と関係"があるのです。

　そうした居場所に参加する人を対象とするソーシャルワークについては，なかまとの関係がどう構築できつつあるか，構築にソーシャルワークがどう関わることができたのかを評価する必要があります。ただ，ここでは他者との関係を築くことができがたい当事者を，対人関係能力の低い人ととらえたり，対人関係能力を高めるための個別のトレーニングが必要であるとは考えません。その力は，居場所でなかまと関わることにより獲得が可能になります。親や周囲から社会に「順応（＝適応）」することへの要請を強く受け，焦り，それゆえに他者との関係から回避せざるをえない彼らにとって，居場所は自身が適切に向き合う社会参加の場となります。

　ソーシャルワーカーは，彼らが適切な矛盾と主体的に向き合うことが可能な実践として，居場所が組織できているかを確認する必要があります。そのためには，彼らの要求に基づいて，居場所が運営されており，ソーシャルワーカーの権力や思いで当事者が管理・支配される場になっていないかどうかを評価しなければなりません。
　同じように，居場所のプログラムが，ソーシャルワーカーが専門的な知見に基づき立案したものであっても，当事者の要求，当事者の発達課題に基づくものでなければ，プログラムを通した管理・支配の追求となります。当事者が主体的に自身の課題と向き合うことが可能になるためには，そこでの生活（プログラムという呼び方はしたくありません）をどう送るかを，当事者が参加した議論のなかで立案されることが求められます。評価すべき点はここにあります。もちろん，ソーシャルワーカーは，集団で計画した居場所での生活に，個々がどう関わるかを見出し，関わりが可能になるための支援を行なうことが求められます。

　先に紹介した事例〈新しく参加した当事者に無言で作業を教えている姿をみることができた〉も，そこに，彼がなかまと一緒に取り組む作業となかまがあったがゆえに可能になったことです。ソーシャルワーカーは，彼から無理に言葉を引き出そう，彼と誰かを無理やり関わらせようとはしてきませんでした。ただ，彼の横に座り，徐々に難しい作業を与えていったのです。ソーシャルワーカーは，そこで仕上げた商品がマーケットに出て，お客さんが購入する姿を彼と一緒に見ることで，彼に感動を伝えてきました。
　ある当事者は，参加する居場所で小さな図書館である文庫活動を始めました。それは，彼が，本が好きだったからです。そのなかで，ただ古本を集め，貸し出すだけでは面白くないと考えた彼は，絵本の読み聞かせ活動を始めるようになりました。人前で話すことが苦手だったのに，自分の力で他者との関わりを作っていったのです。また，その居場所でマジックに興味をもった当事者は，マジック部をその居場所に作り，マジックの公演活動を始めました。だれかと対話することは，まだそんなに好きではありません。しかし，マ

ジックの公演を通してなら，他者と巧みに関われるのです。その居場所では，当事者から生じた様々な要求により，演劇部の活動も行っています。演劇部では，大学生や同年代の人を前に，人と社会について考える機会が生まれています。

　ひきこもりソーシャルワーカーは，居場所が管理的・支配的にならずに，当事者達の要求を組織した活動を展開することが可能になっているか否かを評価します。居場所におけるひきこもりソーシャルワーカーは，彼らの発達を保障する"場"と適切な課題を生み出す実践者です。

　ひきこもりソーシャルワークにとって，居場所は，いつでも参加でき，また少し距離をおいた後にも立ち寄ることができる場でなければなりません。居場所には「卒業」や「立ち戻る」という言葉は無縁です。ひきこもりソーシャルワーカーは，居場所を様々な規則でがんじがらめにした場ではなく，ルーズな場（規則のないのがきまりであるような場）として運営することができる力が求められます。現在の居場所が，規則を定めて運営する居場所であれば，運用を柔軟に考え，当事者の要求にそった活用を可能とする実践力が不可欠です。

7-2-4.　中間的就労を活用し始めた人を対象とするソーシャルワークの評価

　現在，日本では，ひきこもり当事者の中間的就労の場は，数が限られています。そのほとんどが，ソーシャルワーカーと当事者や家族が創り上げたものです。その場で得られる収入は，一般就労に比べれば低いです。ただ，そこでの就労は，自身の可能性を見出すことができるものとなっています。

　ひきこもりソーシャルワークは，中間的就労に，雇い―雇われる関係ではなく，当事者とソーシャルワーカーが共に労働を創り上げる関係を求めていくことが重要です。たとえば，和歌山県紀の川市で実践展開する〈創カフェ〉[69]は，当事者とソーシャルワーカーすべてを"カフェスタッフ"と呼び，"カフェスタッフ"が全員参加して，メニューを決め，店内の装飾を決定し，その日のおすすめを協議します。調理を担当する者，コーヒーを入れる者，注文をとり配膳するフロアー係も，そのスタッフ会議で決定します。

　カフェでの売り上げは，彼らの労働時間との関係で計算され，彼らの収入に反映します。中間的就労に参加する当事者は，なかまと共に取り組む労働のなかで自己の役割を明確に認識し，労働と社会との関わりが明瞭に見えることを通して，自身が社会に参加していることを実感するようになります。カフェで，来客者の「おいしかった。ありがとう」「あなたの淹れたコーヒーを飲みたかった」という言葉を聞いたり，スタッフや他の仲間たちの「お疲れ！」という言葉を聞くことで，自身がそこで果たしている役割を認識するのです。

　こうした中間的就労は，なにもカフェに限ったことではありません。例えば，農業に取

り組み，農福連携の実践を展開している事業所もあります。中間的就労を活用した人を対象とするソーシャルワークは，当然のことながら，そこで，適切な賃金や雇用の実態があるのかどうかを確認する必要があるとともに，その就労を通して，当事者の生存や発達が保障されているのかどうかを確認する必要があります。ひきこもりの当事者にとって，中間的就労の場は，一般就労への足掛かりという性格よりも，労働を通して自己の生きづらさと向き合うことを可能にする場として捉えることが求められます。

中間的就労の場では，すべての当事者が，終日，決められた時間を働くことを可能とするのではありません。ソーシャルワーカーは，その事業所を訪問し，当事者にとって適切な労働時間が保障されているかを確認する必要があります。さらには，その事業所が，当事者が，自分の課題と向き合うことが可能となる場となり，事業所の職員や同僚との関係が，その当事者の力を育てる関係となっているのかどうかを確認する必要があります。

中間的就労の場では，労働以外にも，当事者の育ちを保障する多様な実践を組織したいものです。管理的な職場に"NO！"を突き付け，ひきこもりになった人たちが，労働に参加し，仕事が楽しいと感じるために，その現場は何を用意することが必要かを考えたいものです。ある職場では，職員のやる気を出すためにと，職員の働きを表彰する取り組みを，職員が出てきた日数と勤務した時間で評価しています。しかし，その評価方法は，至って不評です。もちろん，働きに応じて収入が変わるのは理解できるのですが，その職場や同僚が好きで，なんとか頑張って職場に出たいと思うのですが，どうしてもそれが叶わない人は，この職場では自分は必要とされていないという思いを持ち，出勤への意欲が育ちがたかったのです。

中間的就労の場で，そこで働き始めたひきこもり当事者は，ひきこもりを「克服」した人ではありません。言うならばひきこもりとともに育っている人です。その当事者の労働への参加をどう評価するのか，この評価について就労現場とひきこもりソーシャルワーカーは議論を重ねる必要があります。

2020年，日本でも労働者協同組合法が成立しました。労働者協同組合とは，その基本原理を，組合員が出資し，事業展開にあたり組合員の意見が反映され，組合員がその事業に従事し，営利を目的としないことに置きます。もちろん，剰余金の配当は，その組合員が従事した程度に応じて行われます。既に，日本では，労働者協同組合を実践するワーカーズコープ事業団は，「ワーカーズコープは，働く人々や市民がみんなで出資し，経営にみんなで参加し民主的事業を運営し，責任を分かち合って，人と地域に役立つ仕事を自分たちでつくる協同組合」として実践者，そこでは，「ともに生き，ともに働く」社会をつくる「協同労働」を目指すとその理念を定めています[70]。

今後，ひきこもりソーシャルワーカーは，こうした協同労働の地域での展開に積極的に参加することにより，当事者の新たな，オルタナティブな働き方を見つけることが可能に

なるのではないかと考えます。実際にワーカーズコープは，社会的孤立の状態にある当事者を対象とし，全国各地で，様々な仕事起こしを行なっています。それは，地域社会の発展にもつながっているのです。まさに，ソーシャルワークの理念である「社会変革，社会開発，社会的結束，及び人々のエンパワメント」がそこで実践されているのです。

7-2-5. 家族を対象とするソーシャルワークの評価

　親の支援が重要と考え，親との個別の相談活動を行なうだけでは，ソーシャルワークの発展をみることはできません。ひきこもりソーシャルワークは，親が，子とのしがらみや社会の支配的な価値観から解放され，自由になることを目指す必要があります。いつまでも，親にひきこもる子どもの面倒をみさせることは，家族責任を追求することであり，ひきこもりソーシャルワークの目的ではありません。親が親の人生を追求するために，社会的に何を解決しなければならないかを考え，実践するのがひきこもりソーシャルワークです。

　まず，家族からの強制や暴力に苦しんでいる当事者がいる現実を，ソーシャルワーカーは忘れてはなりません。当事者に早くひきこもり状態を「克服」して欲しいと願い，あるいは，当事者のひきこもりを恥ずかしいと思い，部屋をバールでこじ開けるといった暴力的な行為は，ひきこもりの「克服」にはつながりません。また，家族が当事者を叱咤激励し，なんとか外出を図ろうとすることも，強制や暴力に相当します。こうした事実がある時には，当事者の家族と個別に関わり，その家族を対象とした解決志向型のソーシャルワークを展開する必要があります。そのためには，家族とともに，当事者の「ほんの少しの変化」を共有し，その変化に可能性を見出すようなソーシャルワークとなっているか否かを判断します。

　家族が起こした行為に対して，ただ批判するだけでは，解決志向型のソーシャルワークを展開することはできません。家族はあくまでも，ひきこもる子どものことで苦しみ，子どもと自身の人生に不安を抱いている存在です。そこにある家族の「ほんの少しの変化」をソーシャルワーカーは肯定的に評価し，家族の力（可能性）を引き出すことが必要です。家族の強制や暴力が続いている時には，まず，この「ほんの少しの変化」を肯定的に捉える実践が可能になっているかどうかを評価し，もし，それができていなければ，家族を対象としたソーシャルワークを再アセスメントする必要があります。

① 家族が当事者に巻き込まれている場合
　ひきこもりの家族は，当事者の暴力の被害になったり，当事者の無理をきかざるを得ないなかで，無気力になり，自身の感情を上手に表現できなくなり，自責を強め，自己肯定を傷つけている人が少なくありません。また，今までに相談に行った先で家族に責任があるような指摘を受けたり，家族としての対応を指導されたが現実には目の前にある課題を

解決できなかったり，といった状況があるかもしれません。ひきこもりソーシャルワークは，日々の暮らしのなかで，明日への展望がみえずに生活や将来への不安を強めている家族が，生活への力を獲得することを目指します。

　家族を対象とするソーシャルワークでは，親や家族が孤立せずに，当事者との意欲的な生活を可能とするために，親の集団を形成する必要があります。それは，心理教育の対象としての"家族会"ではありません。家族会は，自身の課題と向き合いつつも，ひきこもり問題と対峙することができる運動主体の一員として育つことが可能な集団に発展する必要があります。主体的に参加することが可能となる集団の形成にあたって，ソーシャルワーカーは，家族が，家族の人生を，自分を主語にして語ることができるソーシャルワークに取り組む必要があります。自分を主語にして語ることは，嗜癖の家族を対象としたソーシャルワークで指摘されることです。

　当事者のなかにも，嗜癖の家族と同様に「お母さんは，これだけあなたの尽くしているのにどうしてわかってくれないの」と，自分の「貢献」を評価されないことについて当事者を責める人がいます。その家族が，「私はこう思う」「私がこんな人生を送りたい」と，自分を主語に語ることは，家族自身が自分のことを大切にする人生を送る上で不可欠な方法です。

　当事者に巻き込まれている家族を対象としたソーシャルワークは，家族が独自で，あるいは集団で遊び（余暇）に取り組む実践を展開することも考える必要があります。たとえば，家族のみの旅行に誘った時，初回は10分おきに当事者がどうしているかを留守番の姑に電話して確認していた母親が，回を重ねたある日，ほとんど電話をしていないことに気づきました。その頃，子どもとの間に少し距離をとることができるようになった，自分が映画に行くことも，演劇鑑賞に行くことも罪悪と思わなくなった，と語っていました。その人は，当初は，自分だけがキャンプに来て，キャンプファイヤーでギターを弾きながら歌うことは，罪悪だと思っていたのです。その頃は，自分の人生のことはほとんど語りませんでした。今では，息子について「まだ7年目に突入するひきこもり生活を送っていますが，子どもは，子どもの人生。自分の人生も大切にしなければ」と話すようになりました。子どもも，自分の人生を考え，今，通信教育で福祉の勉強を始めています。

② 秘密を貫きたい，集団に参加しがたい家族を対象としたソーシャルワーク

　家族のなかには，自身の家族に起こっていることを絶対に知られたくないと考える人がいます。相談に訪れても，「ここには，○○町の人は勤めていませんか」と，自分のことを知る人がいないかどうかを確認したり，アウトリーチの時には，絶対に事業所や機関の名前が入った車を近くに止めないで欲しいと懇願します。

　家族のひきこもりを恥じ，秘密を貫きたい人もいるでしょう。そこに，ひきこもりに対

する強固なセルフスティグマが存在する場合があります。スティグマには，「その人は，〇〇である」といった否定的な烙印を社会的に押される社会的なスティグマと，なんらかの課題をもっている人自身が，「私は，〇〇だから」といった否定的な考えで自らを縛ってしまうセルフスティグマがあります。家族を襲うセルフスティグマは，家族を地域から孤立させ，地域で生きていく力を無くす負の力となります。家族をディスエンパワーする力（活き活きと生きる力を奪われること）が襲うのです。ひきこもりの家族を襲うセルフスティグマは，家族から将来への見通しを奪い，当事者を攻撃し，外にはその事実を秘密にしようとする力が働くため，家族内には著しい葛藤が生じます。

　その家族のなかには，「息子（娘）がひきこもり，自分の人生をむちゃくちゃにされた」と考える人や，「こんなことは，他人には理解できないし，他人に知られたくもない」と思い孤独な日々を過ごしている人がいるかもしれません。また，家族のなかには，子どものことを懸命に考え，子どもと自身の人生を考えている人や，子どものことを考えるがあまりに，子どもに対して攻撃的な言動を繰り返している人，あまりにも深刻な事実と向き合い何もできていない人と，多様な家族がいます。

　そうした家族のなかでは，相談したい人と相談したくない人が分かれるのは当然でしょう。また，夫や舅や姑に秘密にしたいという思いから動きをとれない人もいることでしょう。こうした家族を対象とする場合，ソーシャルワークは，家族を総体としたソーシャルワークを目指します。

　ソーシャルワークは，家族にある否定的な思いや家族のことを秘密にしたいという思いの背景を分析することも大切ですが，実際に，家族の苦しさを解決するために，そこで生じている課題に焦点をあててソーシャルワークを考えることが，より大切です。そのためには，家族が，どのような人生を歩んでいきたいのか，現在の課題を解決するためにどのような解決方法があるのかを家族と共に考えます。

　そこで生じていることが大変な課題であっても，その家族には，いままでの何十年かの歴史を乗り越えるなかで出会ってきた諸課題を解決してきた方法があります。そこに解決の糸口となるヒントがあるのです。その力を強め，今，目の前にある課題と向き合う家族の力を強めるのが，問題解決型の家族を総体としたソーシャルワークです。家族を対象としたソーシャルワークは，解決志向型ソーシャルワークが立脚している，変化は絶えず起こっており，小さな変化が大きな変化につながること，解決ついてその方法を知ることが生きる力になること，人は自身の課題を解決する資源であることを大切にする必要があります。

　また，以前に相談したことを当事者が知り，そのことで家族を攻撃，その攻撃への恐怖から黙ってしまった家族もいます。その場合，事例によっては家族のトラウマを対象としたセラピーが必要なこともあります。ソーシャルワーカーと，心理職とが連携して実践を

提供しつつ，そのセラピーを可能にする集団を形成する必要があります。

　秘密を厳守したいと考える人のなかには，集団に参加することを心地良いことだと思っていない人が多くいます。ソーシャルワーカーは，家族内のコミュニケーションの特徴を知り，束縛された親のこころを解き放つ個別の方法と，その親たちが参加できる集団を形成する取り組みを行ないます。その集団では，親が相互に自身の課題を語り合い，自己を捉えている否定的な考えと向き合うことが可能になります。そこでは，秘密にしておきたかった課題を自分を主語に語ることができるようになれば，生活の主体となり，さらには運動の主体となる一歩を踏み出すことができます。

　ひきこもりソーシャルーワーカーは，ソーシャルワークの価値や理念を見失い，家族を「問題の束」のように捉え，家族がもつ苦しさや焦りなどの感情を否定し，家族を批判してはなりません。まず，ソーシャルワーカーが，家族とともに，家族との協同関係を築きながら歩むことができているかを評価しなければなりません。その上で，家族を解き放つ心理的支援や，社会的支援を構築できているかどうかを評価します。社会的支援には，家族集団の形成や家族の不安にこたえることができる当事者の今後の生活を保障する社会的な資源の構築があります。

7-3. ひきこもりソーシャルワークと社会——その評価視点——

　現行のひきこもり対策事業は，2009（平成21）年から実施されている「ひきこもり地域支援センター設置運営事業」，2013（平成25）年からそれが拡充され「ひきこもり支援に携わる人材の養成研修・ひきこもりサポート事業」となり，それが，2018年度より，「ひきこもり地域支援センターによる市町村後方支援機能の強化」と「ひきこもり支援に携わる人材の養成研修事業，市町村におけるひきこもりサポート事業の創設」として拡充され実施されています。これらの事業が，いまあるひきこもり問題への十分な対処，なかでも当事者の地域生活保障実践を十分に支えきれなかったことが，今日の「8050問題」の深刻化をもたらしている一因になっているのではないでしょうか。

　今，多様な当事者達の意味ある人生を保障するためには，多様な働き方，住まい方，集い方を保障する法・制度が必要です。多様な働き方について見れば，非正規化が進むなかで，格差が明瞭になり，働き甲斐や将来への不安をもつ者が多く存在します。また，仕事内容と合わない低賃金ゆえに将来への不安が生じることもあります。そうした構造的な矛盾を放置し，働きやすい条件を整えずに，メンタルヘルス上の課題をもつ労働者が生じても，それはその人の自己責任とするのが現在の社会です。

　そうしたなかで，ひきこもりソーシャルワークは，こうした矛盾の多い現在の社会と向き合い，求められる制度を設計し，社会に問うとともに，その制度（多様な働き方，住ま

い方，集い方，アウトリーチ）を築き上げる主体として実践し，運動できているか否かが評価されなければなりません。

7-3-1. ひきこもりソーシャルワークと多様な働く場

　現在，ひきこもっている40〜59歳の人たちは，まさに，競争主義的な労働現場が極度の矛盾を生み出した時に社会に移行した人たちです。彼や彼女たちが社会に移行した頃，富士通過労死自殺事件がありました。2000年4月にシステムエンジニアとして富士通に就職し，医療事務ソフトの操作マニュアルを作成していた男性が，徹夜勤務を終えた2002年3月17日に急性ストレス反応をおこし自殺したのです。「長時間労働・サービス残業と過労死・過労自殺の激増，リストラによる職場の少人数化，激しいノルマ，人件費抑制と解雇に対する不安などから，長時間労働，サービス残業，持ち帰り残業などが常態化している．これを反映して過労死・過労自殺が後を絶たない状況にある．近頃は職場での各種ハラスメントによるストレス等を原因とした精神疾患の発生も問題視されてきている」[71]と矛盾があふれた社会でした。

　多様な働き方の政策化は，こうした競争主義的な労働現場と対峙する現場の在り方を探るなかで可能となります。多様な働き方は，中間的就労の形態をとるものが主となるでしょう。ただ，それが一般就労への一過程としてではなく，韓国における社会的企業のようにひとつの働き方として捉えられる必要があります。そこでは，支配―被支配の関係ではなく，すべてのスタッフと当事者が，同等の立場で就労に参加する関係を追求する必要があります。

　ソーシャルワーカーが，ソーシャルワーカーのみで中間的就労の場を創り出すことは困難ですが，地域の就労に関わる実践者や起業家，協同組合の協力や連携により可能な課題となります。

　欧州のソーシャルファームによるネットワークであるソーシャルファーム・ヨーロッパ（Social Firms Europe:CEFEC）は，そのホームページで，「労働市場で障害者または深刻な不利な立場にある人々のための持続可能な有給雇用を創出すること」を目的とし，「市場志向の商品またはサービスの生産を使用して社会的使命を達成する」のが社会的企業であるとしています[72]。また，そこでは，社会的企業（ソーシャルファーム）を，以下のように定義します。

- 障がいのある人または労働市場において不利な立場にある人々の雇用を創出するためのビジネス。
- 市場志向型の製品・サービスの生産を通じて、社会的使命を果たすビジネス（収入の50％以上を商取引により得ていること）
- 従業の多く（30％以上）が、身体障害など労働市場で不利な条件を抱えている人々により構成されること。

- 全ての従業員に対し，各人の生産性の如何を問わず，仕事に応じて市場相場と同等の適切な賃金ないし給与が支払われること。
- 障害のある従業員と障害のない従業員との機会均等が保証され，全ての従業員が同等の権利及び義務を有すること。

　ひきこもりの中間的就労を考える上で，ヨーロッパの社会的企業のあり方が参考になります。今後，ひきこもりソーシャルワーカーが，地域の実践家とともに，多様な働く場を創り上げていく際に，ひきこもりソーシャルワークが目指す多様な人生の保障が可能となるために，当事者を働き方に合わせるのではなく，当事者に働き方を合わせる方向を探るとともに，十分な報酬や地域の利益にもつながる労働内容を考える必要があります。

　中間的就労の事業所や組織で実践するソーシャルワーカーは，そこで，ひきこもり当事者の雇用を生み出す努力を行なっているかについて評価するとともに，実践が地域の利益に貢献できているか，当事者とスタッフに同等の関係（協同的関係性）が保障されているか，当事者の賃金を生み出す努力が行なわれているか，などの実践評価が求められます。中間的就労を展開できていない地域で働くひきこもりソーシャルワーカーには，中間的就労を目指した運動を組織できているか否かの評価が求められます。

7-3-2. ひきこもりソーシャルワークと多様な住まい方

　次に，多様な住まい方についてです。一時期，若者自立塾が政策化され，ひきこもっている若者の共同生活が行なわれたことがありましたが，民主党政権時の「事業仕分け」の対象となり，2005年4月から2010年3月までの短命の事業で終結を迎えました。その後，ひきこもりを対象とし，合宿型の事業を行っている事業所はいくつかありますが，その利用費はけっして安価ではありません。

　今後，若者自立塾やいくつかの合宿型の事業所の成果を踏まえ，社会参加を目指した共同住居を政策化する必要があります。それは，自宅や自室からは出られるが，家族と一緒に住むことを求めず，かつ，社会に参加しづらい人が対象となるでしょう。それが，生涯の住まいとなる人も，その場を通過し一人で居住する場を設ける人もいるでしょう。少なくとも，老親が亡くなり，一人で孤立した生活を送る人をなくすためには，なんらかの共同住居の政策化が必要です。

　1980年に「公営住宅法」が改正され，高齢者と単身身体障害者が住宅に困窮していることを認め，公営住宅への「単身入居枠」の対象としました。ただし，この時，精神障害者と知的障害者は「単身入居枠」の対象とされず，当時の公営住宅法施行令第6条は，「身体又は精神上著しい障害があるために常時の介護を必要とする者で，その公営住宅への入居がその者の実情に照らして適当でないと認められる者は，単身で公営住宅に入居することができない」となっていました。実際は，単身での生活が可能でも，ホームヘルプなどによる何らかの支援を受けている場合には，単身入居枠と判断されないと考えられていた

のです。精神障害者が単身入居枠とならなかったのは，そもそも精神障害者保健福祉手帳（精神障害者手帳）の制度開始が1995年からであり，1980年当時，精神障害者であることを認める方法が主治医の診断書あるいは証明書のみであったことと，精神障害者へのスティグマのためです。

　単身入居枠に関しては，2006年に「精神障害者，知的障害者等について、現に同居し、又は同居しようとする親族がない場合においても公営住宅に入居することができるものとする」と改正されました。

　住宅セーフティネットが2007年に住宅セーフティ法になったものの，若者たちの生存権が危機にさらされている事実は可視化されてきています。2007（平成19）年に，ネットカフェで寝泊まりせざるを得ない人びとの実態が日本テレビ系列のドキュメンタリー「NNNドキュメント'07 ネットカフェ難民～漂流する貧困者たち」[73]でとりあげられ，「ネットカフェ難民」という言葉とともに，居宅喪失者の存在が社会的にクローズアップされました。その翌年の10月，大阪・難波の個室ビデオ店を仮の住まいとして利用している人々が犠牲になる放火事件が生じました。

　厚生労働省は，2007年に「住居を失いインターネットカフェ・漫画喫茶等の店舗で寝泊まりしながら不安定就労に従事する『住居喪失不安定就労者』等の実態を，店舗利用者に対する調査を通じて明らかにする」ことを目的として「住居喪失不安定就労者等の実態に関する調査」を実施しました。この調査において，住居がなくなった理由について，仕事をやめて家賃を払えなくなった者が，東京で32.6％，大阪で17.1％となり，全体で非正規労働者が34.2％を占めたと報告されました。また，仕事を辞めて寮や住み込み先を出たためと回答したものが，東京で20.1％，大阪で43.9％となり，非正規労働者が17.1％でした。また，家族との関係が悪く，「住居」を出た者も，東京で13.8％，大阪で12.2％，非正規労働者が11.1％となっています。

　NPO釜ヶ崎支援機構の沖野充彦[74]は，若者だけでなく『ネットカフェ難民』と呼ばれる野宿生活者予備軍，あるいはその周辺に置かれている人々の，家族との関係，就労，生活，現状に対する想い，そして現在に至る経緯の調査により，彼や彼女たちの置かれている困難な状況を総合的かつ多面的に捉え，ネットカフェ難民は，ネットカフェを居住の場とすることを好んで選んでいる者たちではないことを指摘しています。沖野が指摘するように，「ネットカフェ難民」問題は，職・住・家族・仲間・地域から排除されホームレスへと至らざるを得ない過程の一時点での"住まい方"の「表現形態」となっているのです。

　平山洋介[75]が指摘するように，我が国がとってきた住宅政策は，明らかに，若者が親から自立することを困難にし，親に依存し，親の老後を不安に陥れる住宅政策でした。今日，若者の非正規化が進むなかで，若者が自立し居住することがたいへん困難になっているなかで，若者が，「自立」のもがきのなかで住まいを「ネットカフェ」に求めざるを得ない

状況になっているのであれば，それは，明らかに若者の自立が社会的に保障されていないことの現れです。

　沖野が指摘するように，「ネットカフェ」を利用する人が「多くは，家庭の貧困・低学歴・障害など社会的困難を背負わされた人たち」であるならば，より，その自立は社会的に支援されなければなりません。ひきこもり当事者のなかには，沖野が指摘するような「社会的困難を背負わされた人たち」が多くいます。たとえば，親との間に激しい葛藤がある人もそこに入るでしょう。彼らも，まさに，親との同居からの自立を社会的に保障されなければならない人たちです。彼らは多様な住まい方を保障されるなかで，親からの自立が可能になるのです。ソーシャルワーカーは，多様な住まい方を保障する実践や運動を展開できているか，あるいは計画しているか否かを点検し，実践を評価しなければなりません。

7-3-3．ひきこもりソーシャルワークと多様なつどう場

　次に，多様なつどう場の政策化があります。ひきこもり当事者がつどうことには，いくつかの目的があります。なかでも重要な目的は，孤立の防止です。そのためには，自宅もしくは自室から出ることができない人をも対象にしたつどい方を検討しなければなりません。一つの方法として，電子媒体を通じた集い方があるでしょう。居場所保障は，つどう場の保障の中核に座るものですが，自宅から出ることが可能となった人に，なんらかのプログラムを提供することを目的とするのみではなく，まだ自宅での生活を維持している人が，緩やかに他者と集うことが可能となる場も必要となります。それは，持続したひきこもり生活を送っている人の孤立を防ぐ重要な役割を果たします。

　オンラインの当事者会を開催する北海道のSANGOの会[76]によれば，オンラインのSANGO会には2020年12月時点で6名の参加があり，全国各地のオンライン当事者会を渡り歩く活動をしている他県の当事者の参加があり，全国の情報を提供してくれるなどリアルな開催では得られない交流が行われたことが報告されています。その後，他県の当事者の呼びかけで関東圏の当事者や道内の当事者が新たに参加し，参加者が増え，家族以外と話す機会だった相談が，新型コロナウイルスの影響で中断してしまったこと，ごみ出しに出ることすらためらって何日もごみを溜めていることなどが打ち明けられたことなど，日々の生活上の課題が報告されています。また，Zoomブレイキングアウトルームセッションを活用した少人数のグループ交流も行なわれています[77]。これは，今後，自室から出ることはできなくても，なんらかの形で他者とつながりたいと思っている当事者に保障するつどう場の保障の一形態として考えられます。

　次に，自室から少し出ることが可能となった当事者には，プログラムに拘束されず，当事者の要求を実現することを可能とする場を保障する必要があります。彼や彼女たちは，限られた他の当事者（ピア・スタッフを含む）や，限られたスタッフとのつながりを求めてその場に登場するかもしれません。ひきこもる当事者が，すでにそこでの人間関係がで

きあがっている既成の居場所に参加することは，簡単ではありません。その場合，まずは，その限られた人との関係を大切にし，徐々に当事者の要求を実現する場を形成する必要があります。その要求は，レクリエーションといわれる釣りや野山の散策といった活動かもしれません。また，料理やお菓子作りかもしれません。その要求の実現を通して，他者との関わりの広がりを形成し，少し規模の大きいつどう場を保障する取り組みが必要となります。

　その地域に，人との関わりが可能になった当事者が，自発的に参加できる多様なつどう場を，ピア・サポーターとともに築き上げるのは，ひきこもりソーシャルワークの重要な課題の一つです。現在，常時開催されている居場所や月数回開催されている居場所，民間の法人や当事者グループが開催するものや行政が開催するものなど，多様な居場所が運営されつつあります。それらの居場所実践は，それぞれの実践哲学の下で展開されています。居場所で究極的に求めるのは，そこが育ちあう場となり，当事者が生活主体であるとともに運動主体として育つことです。

　彼や彼女たちが住む地域の居場所に参加しなければならないと考えるのは，当事者管理につながる危険な発想です。当事者のなかには，自身が生活する地域の居場所には参加しづらいが，少し離れたところであれば参加できる人がいます。当事者が参加することを希望する場が，その地域にない場合には，居住地域を超えて彼らの活動が保障されるよう，広域（少なくとも保健福祉圏域）でつどう場への参加が可能となる制度設計が必要です。

　さらに，当事者の人権や発達が保障される内容であれば，実践内容に制限を加えないことです。たとえば，なんらかの収入を生み出す作業を取り入れている居場所もあります。あくまでも，それは当事者が作業（労働：外界への働きかけ）を通して他者との関係を築くことを保障する実践として展開されているものですが，そこに収入（工賃）が生じているから居場所ではないと，自治体が補助を打ち切った事象がありました[78]。これは，作業がもたらす他者関係の改善を軽視あるいは否定する考えです。

　多様なつどう場を実践展開する事業所や組織で働くソーシャルワーカーは，その場に，当事者とソーシャルワーカーの間に治療的な関係や管理的な関係が存在していないか，その場での，当事者とソーシャルワーカーの関係性が協同的な関係性の下で運営されているかを評価しなければなりません。また，その場の実践が，多様な状態のひきこもり当事者の人格的な解放が保障され，彼らの発達が保障される実践となっているか，実践者と当事者相互の間で評価することが求められます。

7-3-5. ひきこもりソーシャルワークとアウトリーチ

　ひきこもりソーシャルワークは，自室や自宅から一歩も外に出ることができない人の孤立と向き合うことを忘れてはなりません。彼らのなかには，外に出ることへの捉えどころ

のない不安や戸惑い，強いこだわりなどをもっている人がたくさんいます。それらは，そんなに簡単に解決されるものではありません。

　ひきこもりとの関わりでのアウトリーチは，こうした不安や戸惑い，強いこだわりなどを抱える人と対峙する実践であることを認識しなければなりません。ひきこもりソーシャルワークがもっとも陥ってはならない危険な評価は，そのアウトリーチにより何人が外に出たかを評価するものです。それが重視され，アウトリーチの評価軸になると，侵襲性の高いアウトリーチが展開される危険性があります。

　アウトリーチには，まず当事者にそっと寄り添うことができているか，それが可能な実践かどうかを第一の評価軸におくことが求められます。当事者の許可がないにもかかわらず訪問し，当事者の部屋をノックすることは，捉えどころのない不安を増長させる取り組みです。彼や彼女たちの捉えどころのない不安と向き合うには，最低でも当事者に向けたソーシャルワーカーの手紙が家族から手渡され，当事者の拒否がない場合に初めて可能となります。もちろん，その段階においても，当事者の許可がとれているわけではありません。ソーシャルワーカーは，彼の部屋の外から，彼に対して何回も語りかけつつ，当事者が訪問に対してなんらかの許可を示した時に初めて彼や彼女たちと直面できるのです。

　捉えどころのない不安を抱えた彼や彼女たちと出会うことができたソーシャルワーカーには，彼や彼女たちが，その不安をと向き合うことが可能となるピア・スタッフとの協同実践を計画することが求められます。ピア・スタッフは，つい先日まで，あるいは，今もなお同じような捉えどころのない不安をもつ彼や彼女たちのなかまです。ピア・スタッフとの協同実践を展開するなかで，少しでも外に出ることへの関心や要求をもことができたなら，彼や彼女たちが参加できるつどう場を保障すること，そうした実践を組織化することも，この段階のソーシャルワーカーの課題です。

おわりに

　ひきこもりソーシャルワークは，ひきこもりと対峙する個・集団・社会を育てる実践です。それは，相談窓口に登場する当事者や家族を対象とし，相談活動を行なう実践のみで達成できるものではありません。それは，長期にわたる継続的な実践となる必要があります。当事者や家族とソーシャルワーカーが協同的な関係を樹立し，その関係が10数年にわたり関わり続けることもあります。このため，短期で問題を解決するソーシャルワークの手法は，あまり役に立たないかもしれません。

　先日，直ちに対応しないと，その人の人生が終わってしまうような場面と出会いました。ある母親から，早朝に次のようなメールが入ったのです。

　　〈昨日，久しぶりにカットに行ってきたと息子に言ったら，「自分は行けないのに当てこすりか」と腹を立てて食卓の椅子を投げてきました。腹が立ちましたが，黙ってやり過ごしました。遅く帰宅した主人にも何も言いませんでした。姑は黙ってやり過ごしたらなめられるよと言います。朝から，息子は普通に用事を頼んできます。これ以上家にいたらやりきれないので，私，出て行きます。〉

　この家族を担当するソーシャルワーカーに連絡し，ある大型スーパーマーケットの喫茶室にいるという母親を訪問していただきました。この事例とは，既に六年にわたって関わってきました。

　今日，社会福祉が市場化するなかで，その評価は，どうしても成果を数値で示すことが求められます。その時，ソーシャルワーカーは矛盾を感じないでしょうか。例えば，電話相談を行なった時，それは，誰の相談だったのか，何の相談だったのかを明確に区別することができないことがあります。たとえば，この事例は「息子との関係の相談」なのか，「姑との関係の相談」なのか，その集計を行なう時に数値化の要請に困らないでしょうか。母親から息子の暴力に関する相談があっても，それが，母親自身の人生をどう送るのかとい

う相談に変わることがあります。その時，ソーシャルワーカーは「今日は息子さんの相談にのみ応じます」と，その相談を遮ることができるでしょうか。

　ひきこもり相談は，ひきこもりという事実を通し，その家族が今どうあるべきかを問う作業です。

　ひきこもり支援にとって居場所の活用は必要ですが，それのみでは効果的な支援を行なうことができません。当事者が一歩外に出ることが可能になった時，一緒に自宅近くのコンビニに行くことや，あまり人がいないところに外出したいという要求を示した時，その要求をかなえるために森へ出かけることも重要な支援です。その人の発達段階や発達課題にあった支援が必要となります。これが，オーダーメイド支援です。

　このオーダーメイド支援を可能にしているいくつかの実践体があります。その実践体を組織しているのは，専門職であるソーシャルワーカーのみではありません。当事者，家族，地域住民，それにその人たちに信頼されたソーシャルワーカーによって，その実践体は組織されています。

　それとは反対に，ひきこもりソーシャルワークを実践している人のなかに，「○○塾」や「○○教室」と，○○に自身の姓を入れた「実践」を展開している人がいます。もう一度，ひきこもりソーシャルワークは，ソーシャルワーカーの自己満足のために行なうものではなく，社会との向き合いにより可能となるものであることを認識しなければなりません。

　ひきこもりソーシャルワークの職場は，ソーシャルワーカーが仲間たちと共に十分に実践的な揺らぎあいを体験する場です。ひきこもり事例は，簡単にその支援が見えてくるものではありません。そこには，親や家族の長年にわたる苦悩があります。また，当事者の激し不安や葛藤があります。その苦悩や不安，葛藤のなかで，「どうすればいいのだろう」「これでいいんだろうか」と悩み，仲間と共にその実践を検討する必要があります。そのなかでこそ育ちあう職場になるでしょう。

　私たちソーシャルワーカーは，「そうは言ってもうまくいかない」と思うようなケースと，毎日向き合っているのではないでしょうか。

　私にも，20年付き合ってきたひきこもり当事者がいます。彼は，高校時代に激しいいじめを体験し，その後，激しい妄想が生じました。統合失調症と診断されたのは19歳の時です。彼自身や彼の親や家族の苦しみは並大抵のものではありません。彼は，確実に服薬しており，精神科治療の対象としては，それほど問題ない対象です。しかし，その生活には大きな課題を持っています。彼の両親（父75歳，母70歳）は，地元では有名な果物を生産する大きな農家です。彼に対し，地元の支援組織は，様々な関わりをもってきました。時には，ほんの少しだけ居場所に参加するのですが，メンバーとの関係が持続せずに，またひきこもりとなるのです。そんな彼の様子や母のがんばりに，父親は，まったく無関心です。定年退職後は，一日中，自分の好きな畑作業を行なっています。母親は，懸命に

家族会に参加し，自身の思いを語っています。ここ10年程，彼は，自分の年金をすべて買い物に使うようになり，彼が買ったプラモデル等の品物で，彼の部屋はいっぱいになっています。

　強調しますが，私たちは，家族にその責任を課してしまっているひきこもり支援を，公的責任で進める支援へと変革する必要があります。深い苦しみのなかにある家族が，その苦しみから解き放たれるためになによりも必要なのは，ひきこもりがあっても，ひきこもりつつ育つことを可能とする制度や政策が整えられることではないでしょうか。
　その制度を創り上げるためには，社会のありようを考えなければなりません。私たちは，私たちの子どもたちや孫たちが生きる社会が，マイノリティを脱落させない，誰もが緩やかに生きることが可能となる社会に変革する必要があるのです。

注釈

1) 若年者の離職状況と離職後のキャリア形成（若年者の能力開発と職場への定着に関する調査），2017，独立行政法人労働政策研究・研修機構。

2) 同上報告書において，先輩・上司の側から若者に働きかけるコミュニケーションが低学歴層や男性で不足しがちであり，特に高校卒の男性は，会社側からの働きかけも，若者側からの働きかけもないような場合に離職率が高くなることが報告されている。また，高校卒の男性は，「曖昧な指示のもと放置」された場合に離職率が高くなることも指摘されている（p54）。このことから，他者とのコミュニケーションを苦手とする人は，職場定着が困難であると考えられる。

3) 保坂亨，岡村達也，1986，キャンパス・エンカウンター・グループの発達的治療的意義の検討，心理臨床学研究第4巻1号，p17-26

4) 内閣府調査では，狭義のひきこもりを「自室からほとんどでない」「自室からは出るが家からは出ない」「ふだんは家にいるが近所のコンビニなどには出かける」とし，広義のひきこもりを，狭義のひきこもりに「ふだんは家にいるが，自分の趣味に関する用事の時だけ出かける」を加えたものとしている。この定義が，今日，ひきこもりを考える上で，共通の定義となりつつある。

5) 森岡孝二，2013，過労死は何を告白しているか―現代日本の企業と労働，岩波現代文庫，p258

6) 春日武彦，17歳という病―その鬱屈と精神病理，文藝春秋，p59。春日は，「居心地が良いからひきこもるのではなく，追い詰められた挙げ句にひきこもらざるを得なかったといったシチュエーションを受け入れなければ彼らを理解することは難しい」と述べている。

7) 川上憲人，2009，職場のメンタルヘルスの現状と課題，総合健診36巻2号，日本総合健診医学会

8) 名古屋市の仲卸会社「加野青果」の女性社員＝当時（21）＝が平成24（2012）年に自殺したのは，職場でのいじめによるうつ病が原因であるとして，2017年11月30日に名古屋高裁は，約5500万円の支払いを命じた。最近では，2019年10月に発覚した神戸市の小学校における集団ハラスメント事件がある。

9) 中西新太郎，2009，〈生きづらさ〉の時代の保育哲学，ひとなる書房。中西は他にも，若者たちになにが起こっているのか（2004，花伝社）他で，競争主義がもたらす若者の生きづらさにつき論究している。

10) 鍋田恭孝，2004，対人恐怖症の今日的問題，臨床精神医学第33巻4号，p363-374

11) 鍋田恭孝，前掲論文，p369

12) 田野中恭子，2019，精神疾患の親をもつ子どもの困難，日本公衆衛生看護学会誌VOL8．No1.p23-32

13) 中田洋二郎，1995，親の障害の認識と受容に関する考察―受容の段階説と慢性的悲哀，早稲田心理学年報第27号，p83-92

14) KHJ，2015，ひきこもりの実態に関するアンケート調査報告書，厚生労働省平成27年度生活困窮者就労準備支援事業費等補助金社会福祉推進事業，p9

15) 2006年4月18日午前8時ごろ，名古屋市のひきこもり者更生施設「アイ・メンタルスクール」（杉浦昌子代表理事）で，入寮者の男性（26歳）が変死した事件。男性の死因は腕や足の打撲による外傷性ショックで，両手両足首には，手錠で拘束された際に暴れてできたとみられるアザや擦り傷のほか，死亡の数日前からの古い傷を含む打撲痕や内出血があった。現場検証では，手錠など数種類の拘束用の道具が発見されている。

16) 働けない子どものお金を考える会，https://survivallifeplan.com/

17) 平野敏正，2012，現代社会における家族の機能変動と家族関係，帝京社会学第25号P1-21

18) 措置入院の運用に関するガイドライン（厚生労働省社会・援護局保健福祉部長通知，障発0327第15号，平成30年3月27日）では，「措置診察に必要な立入り」として，「都道府県等の職員及び指定医」に対し，「措置診察を行うに当たって必要な限度において，被診察者の居住する場所に立ち入ることができる」と，その強制的立ち入り許可を権限として与えている。

19) ジュディス・L・ハーマン，1999，中井久夫訳，心的外傷と回復（増補版），みすず書房p229。ハーマンは，治療契約として「患者と治療者との同盟は共同作業をつうじて発展する。治療という仕事は愛の労役でもあり，協力的な当事者関係でもある。治療同盟は世間の協議と契約の習慣の形をとるけれども，単純なビジネス協定ではない。人間的愛着の起こす情熱のすべてを喚起するけれども，それは情事でもなく親子関係でもない」，そこに必要なのが，「実存的アンガージュマン（かかわりあい）関係であり，パートナーは共に回復という事業のための相互拘束者である」と述べている。

20) 多田元，2007，芦沢俊介編，引きこもり狩り　アイ・メンタルスクール寮生死亡事件／長田塾裁判』，雲母書房，p101-103，p96

21) 田川佳代子，2013，クリティカル・ソーシャルワーク実践の理論素描，社会福祉研究第15巻，愛知県立大学，p19

22) 全国障害者問題研究会，1978，「発達保障論」の成果と課題，p13

23) 二宮厚美，2005，発達保障と教育・福祉労働―コミュニケーション労働の視点から，全障研出版部，p22

24) 2014年7月にメルボルンで開催された国際ソーシャルワーカー連盟（IFSW）と国際ソーシャルワーク学校連盟（IASSW）の総会もしくは合同会議で新たなソーシャルワークのグローバル定義を定めた。そこでは，「ソーシャルワークは，社会変革と社会開発，社会的結束，および人々のエンパワメントと解放を促進する，実践に基づいた専門職であり学問である。社会正義，人権，集団的責任，および多様性尊重の諸原理は，ソーシャルワークの中核をなす。ソーシャルワークの理論，社会科学，人文学，および地域・民族固有の知を基盤として，ソーシャルワークは，生活課題に取り組みウェルビーイングを高めるよう，人々やさまざまな構造に働きかける。この定義は，各国および世界の各地域で展開してもよい」と定義された。

25) ミハイロ・マルコビッチ，1970，岩田昌征・岩淵慶一訳，実践の弁証法，p30-31

26) 得津慎子，2015，「全体としての家族」主体のソーシャルワーク実践における家族レジリエンス概念導入の有用性，総合福祉科学研究 第6号，p1-11

27) 特定非営利活動法人KHJ全国ひきこもり家族会連合会，2019，厚生労働省 平成30年度生活困窮者就労準備支援事業費等補助金社会福祉推進事業「長期高年齢化する社会的孤立者（ひきこもり者）への対応と予防のための「ひきこもり地域支援体制を促進する家族支援の在り方に関する研究」の自由記述では，生活の困窮状態が明瞭に語られている。

28) 同上，p110

29) 相川章子，2019，精神保健福祉領域におけるピアサポートとは，大島巌監修，ピア・スタッフとして働くヒント―精神障害のある人が輝いて働くことを応援する本所収，p5-7

30) イアン・ファーガスン，石倉康次，市井吉興監訳，2012，ソーシャルワークの復権，クリエイツかもがわ，p35

31) 社会保障審議会生活困窮者自立支援及び生活保護部会（第10回），平成29年11月16日

32) 社援地発0614第1号，令和元年6月14日

33) 平成30年度 生活困窮者就労準備支援事業費等補助金社会福祉推進事業，就労準備支援事業の支援方法の把握と共有に関する検討会（事業名：就労準備支援事業の対象者別の効果と支援方法等の把握と共有に関する調査研究事業）報告書，P1

34) 山田裕子（2011，大学生の心理的自立の要因ならびに適応との関連，青年心理学研究第23巻1号，p1-18）は，大学生の心理的自立を測定する質問項目を作成し，その要因ならびに適応との関連について分析を行っている。その結果，心理的自立と要因との関連に関し考察を加えている。また，高坂康夫（2018，大学生における心理的自立と経済的自立・社会観との関連，和光大学現代人間学部紀要第11号，p123-134）は，心理的自立と他の側面・領域における自立との関連を検討することを目的とした研究が必要と考え，経済的自立と社会認知的自立をとりあげ分析を加えている。

35) 平田陽子，2010，青年期における「自立」と生きがい感―心理的自立と対人依存欲求の視点から―，九州大学心理学研究第11巻，p177-184

36) 二宮厚美，2005，p37-38

37) 武藤安子，1999，事例研究法とはなにか，日本化成学会誌Vol. 50，No.5，P541-545

38) 小山田建太，社会資源としての地域若者サポートステーションの検討―事業の変遷に見るワークフェアの理念―，筑波大学教育学系論集41巻，p.63-75

39) H・アンダーソン，H・グーリシャン，野村直樹著訳，協働するナラティヴ――グーリシャンとアンダーソンによる論文「言語システムとしてのヒューマンシステム」，2013，遠見書房，p70

40) 窪田暁子，2013，福祉援助の臨床―共感する他者として，誠信書房，p55

41) インスー・キム・バーグは，「家族支援ハンドブック―ソリューション・フォーカスト・アプローチ」において「セラピストが，クライエントの弱さよりも強さに目を向け，問題の例外を捜し，『ミラクル・クエスチョン』を通して違う未来を構成するように手伝い，小さくて達成可能な目標を設定する時に，依頼されたケースに

うまく『対処』することができる」（p26）と述べる。

42) 児島亜希子，2019，反抑圧ソーシャルワーク実践（AOP）における交差概念の活用と批判的省察の意義をめぐって，女性学研究第26号，大阪府立大学女性学研究センター，p19-38

43) 松島哲久，2017，現代医療における生権利と生命倫理，倫理学研究，p56

44) 保助看法第5条では「療養上の世話」については，医師の指示がない限りは，原則として看護師が独立した業務として行なえるが，「診療の補助」については，医師の指示を受けることを正当業務の要件としている。それは診療の補助が，医師の指示により医療行為の補助を行うことであるからである。また，保助看法第37条に，「保健師，助産師，看護師又は准看護師は，主治の医師又は歯科医師の指示があつた場合を除くほか，診療機械を使用し，医薬品を授与し，医薬品について指示をしその他医師又は歯科医師が行うのでなければ衛生上危害を生ずるおそれのある行為をしてはならない」とあり，診療の補助を看護師が単独では行えない行為と定めてる。また，精神衛生士法では，精神保健福祉士は，業務を行うに当たって，精神障害者に主治医があるときは，個々の精神障害者の精神疾患の状態や治療計画，医学的に必要となる配慮等について，主治医より必要な助言を受けなければならないものと「医師の指導」と規定している。なお，医師の指導を受け，どのような相談援助を行うかについては，精神保健福祉士の専門性の範疇であるので，具体的な業務内容についてまで拘束されることはない。しかし，医師の指導を全く受けないで，業務を行った場合には，相談の対象となる精神障害者について正しい知識をもっていないことから，精神保健福祉士として適切な業務を行えないため，このような場合には精神保健福祉士の登録を取り消すことができる。

45) 松本俊彦，2019，助けてが言えない－SOSを言えない人に支援者はなにができるか，日本評論社。松本は，「自殺リスクの高い子どもに共通するのは，援助希求能力の乏しさだ。たとえばある種の自殺ハイリスクな子どもは，リアルな人間に相談したり，助けを求めたりする代わりに，カッターナイフの痛みをもってこころの痛みから逸らし，過量服薬によってこころの痛みを麻痺させて，かろうじて現在を生き延びている」（p1）と述べている。援助をリアルな人を対象とし希求することはひきこもり当事者にとっても困難な課題である。

46) 日本精神神経学会 精神保健に関する委員会編著，2013，日常臨床における自殺予防の手引き，p15

47) 山本耕平，2017，子ども・若者支援地域協議会の実践課題に関する考察，都市とガバナンス第27号，公益財団法人 日本都市センター，p62

48) エーリッヒ・フロム，1970，マルクスの人間観，合同出版，P4

49) レスリー・マーゴリン，2003，ソーシャルワークの社会的構築一優しさの名のもとに一，明石書店，P195

50) レスリー・マーゴリン，2003，P275

51) イアン・ファーガスン，2012，p33

52) 上念司，2020，誰も書けなかった日本の経済損失，宝島社

53) レスリー・マーゴリン，2003，P279

54) レスリー・マーゴリン，2003，p287

55) 隅広静子は，「言葉や表現の意味，即ち言説が人々のやりとりを通して作られるのであれば，それらは多様にありうるはずである。とすると，即ち言説の多様性を認めるということは，例えば，それまで支配的な言説の陰で沈黙を保ったままだったかもしれない数々の声なき人々の主張も堂々と取り上げられてしかるべきだということである。」（2012，社会構成主義によるソーシャルワーク教育，福井県立大学論集 第39号）と，社会構成主義がもつ社会変革の志向性を指摘している。社会構成主義は，評価方法，実践研究のあり方などについても再定義を迫るものである。

56) アントニオ・グラムシ，石堂清倫編，1971，グラムシ問題別選集第2巻，ヘゲモニーと党，p201

57) 須藤八千代，2004，ソーシャルワークの作業場一寿という街一，誠信書房，p1

58) ジュディス・L・ハーマン，中井久夫訳，1996，心的外傷と回復，みすず書房，p205

59) 尾崎新，葛藤・矛盾からの出発，尾崎新編，「現場」のちから一社会福祉実践における現場とはなにか一，誠信書房，p11

60) その一つである滋賀県若者サミットは，ひきこもりを経験した若者たちの「いまを変えたい」「変わりたい」を応援するイベントとして始まった。人付き合いが苦手，学校に行くこと・働くことに自信が持てない等の悩みを抱える10代～30代の若者や，家族，若者のサポートに関心のある方を対象とした集いである。年1回の集いであるが，その企画運営のために多くの当事者が参加する。当初のしかけは，県ひきこもり支援センター

　であるが，今は，当事者参加の運動として展開されている。

61) H.アンダーソン・H.グリーシャン，前掲書，p74

62) ドナルド・G・ダットン，スーザン・K・ゴラント，中村正訳，2001，なぜ夫は，愛する妻を殴るのか？
　　―バタラーの心理学，作品社

63) 原田誠一，1999，境界性人格障害の治療導入期の1技法，臨床精神医学，第28巻11号

64) 松本俊彦，2014，自傷・自殺する子どもたち，合同出版，p44-65

65) 2018年1月，札幌市中央区のアパートで82歳の母親と52歳の娘がともに遺体で見つかった。死因は
　　いずれも栄養失調による衰弱死だった。近所の人の話では，娘は10年以上ひきこもり，近所付きあいはほとん
　　どなく，高齢の母親が娘の生活を支えていた。

66) アマルティア・セン，1999，不平等の再検討―潜在能力と自由，岩波書店，p63

67) 二宮厚美，2005，p23

68) 小川太郎，1974，同和教育の理論と方法，部落問題研究所

69) 和歌山県紀の川市で，社会福祉法人一麦会が運営する創caféは，学校教育や社会の中で，何らかの生き
　　づらさを抱え，様々な悩みや漠然とした不安・緊張の中で，他者や社会との関わりから少し距離を置いた若者た
　　ちの居場所として1996年4月開始された「麦の郷ハートフルハウス」が青年期の居場所と就労の場として実践
　　発展させた「ひきこもりサポート事業麦の郷　ハートフルハウス創」として運営される中間的就労の場である。
　　本来，そんな彼らが自分の生き方を模索したり，やりたいことを見つけ自己実現していく活動を創り出していま
　　す。

70) ワーカーズコープ・センター事業団オフィシャルサイト https://workers-coop.com

71) 岩城穣，田中宏幸，過労死・サービス残業をなくし，命と健康を守る闘い，2006，民主法律267号

72) https://www.socialfirmseurope.org/social-firms/

73) 2007年の日本民間放送連盟賞で優秀に入選した「NNNドキュメント'07 ネットカフェ難民～漂流する
　　貧困者たち」は，厚生労働省による実態調査につながった。

74) 沖野充彦，2008，「若年不安定就労・不安定住居者聞取り調査」報告書―「若年ホームレス生活者」への
　　支援の模索―，特定非営利活動法人 釜ヶ崎支援機構 大阪市立大学大学院創造都市研究科，P3

75) 平山洋介，2008，若者層の住まいの全体像，日本住宅会議編，若者たちに「住まい」を―格差社会の住
　　宅問題―，岩波ブックレットNo744，P8-10

76) 特定非営利活動法人レター・ポスト・フレンド相談ネットワークは，発達障がいや精神的な困難など社
　　会のなかで生きにくさを感じるひきこもり当事者に対して，手紙や電子メールを中心とした双方に無理のないピ
　　ア・サポート活動をすすめる任意団体組織として1999年9月1日に発足した。2007年4月に，少しずつ元気
　　になったひきこもり当事者が安心して身近な地域の居場所とつながることができるよう当事者会「SANGOの
　　会」を立ち上げた。SANGOとは年齢の35歳を意味する。

77) 特定非営利活動法人レター・ポスト・フレンド相談ネットワーク会報"ひきこもり"No121，2020年
　　7月1日発行

78) 和歌山県は，2009年より和歌山県事業ひきこもり者社会参加支援センターとしてひきこもり支援を展
　　開し，そのユニークさが注目されていたが，急遽，県がその事業を取りやめることになり，2019年より就労継
　　続B型と困窮者支援制度を活用し運営している。

執筆者紹介

山本 耕平（やまもとこうへい）

佛教大学社会福祉学部教授
1954年和歌山県伊都郡に生まれる。
日本福祉大学大学院を卒業後，短期大学の非常勤講師を経て和歌山市保健所精神保健福祉
相談員，大阪体育大学，立命館大学に勤務。2020年4月より現職。
社会福祉法人一麦会理事長，JYCフォーラム共同代表。
専攻分野：精神保健福祉論，社会福祉実践論，若者支援論等。
著書に「ひきこもりつつ育つ」「ともに生きともに育つひきこもり支援」（ともに，かもが
わ出版）等がある。

ひきこもりソーシャルワーク―生きる場と関係の創出―

2021年3月20日　第1刷発行
2022年4月15日　第2刷発行

著　者　山本耕平
発行者　竹村正治
発行所　株式会社 かもがわ出版
　　　　〒602-8119　京都市上京区堀川通出水西入ル
　　　　TEL 075(432)2868　FAX 075(432)2869
　　　　振替 01010-5-12436
　　　　ホームページ http://www.kamogawa.co.jp
印刷所　シナノ書籍印刷株式会社

ISBN978-4-7803-1148-8 C0036　　　　　　　©2021山本耕平

阿比留久美・岡部茜・御旅屋達・原未来・南出吉祥◎編

「若者／支援」を読み解くブックガイド

〈若者たちはどんな世界を生きているのか〉から〈実践現場の挑戦〉
まで、七九冊の本を七つのカテゴリーに分けて紹介する若者目線の
ブックガイド。

〈A5・200頁・本体1800円〉